ロシアの女性誌

時代を映す女たち

高柳聡子 著

EURASIA LIBRARY

ユーラシア文庫
9

目次

ロシアの女性誌――時代を映す女たち――

はじめに

「女性の文化」は、十八世紀後半に文芸の世界、つまり、読むことから始まったと、ユーリイ・ロートマンは言う。それは、女性たちがより豊かな精神性を求めはじめたことを意味している。

本書は、ロシアの女性誌の歴史をたどりながら、その誌面から、ロシアに生きた女性たちの生を読み取ろうとする試みである。

第一章では、十八世紀後半に始まったロシアでの女性誌出版の歴史を二十世紀初頭の革命まで俯瞰する。女性の教育と啓蒙を目的とした定期刊行物が、識字率の上昇とともに大衆化し、やがて、女性解放運動を促進するメディアとして政治化する過程は、他の国とも共通するものだ。

しかし、第二章で示されるように、一九一七年のロシア革命以降、女性誌の歴史も独自の道を歩み始めることになる。帝政時代の雑誌はほぼすべて姿を消し、『労働婦人』、『農業婦人』に代表される党公認の女性誌が「新しいソヴィエト女性」、「はたらく母親」といった理想の女性像を提示し始める。誌面には、一般の女性たちを理想化し英雄扱いする写真や文芸作品が掲載されていくが、その狭間に垣間見える社会的問題にも目を向ける必要がある。

さらに、ソ連時代のファッションについても、いくつかの雑誌と政策から概観してみた。一九七〇年代末には、ついに、非合法の地下出版の世界でも女性誌が登場する。このソ連初のフェミニズム雑誌は、ソ連社会の男女平等、女性解放の真偽について疑問を呈している、男性と同じように労働することは女性にふさわしい生き方なのかと。

そしてこのとき、同じ問いが、公式の女性誌でも発せられていた。ソ連の女性たちは、仕事と家庭の二重負担で疲れ果てているのだと。

ペレストロイカが始まり、ソ連が崩壊すると、西側の女性誌がどっと流れ込んできた。終章では、こうした新しい女性誌の世界を紹介する。新生ロシアの「新しい女性」たちに向けられた新しい雑誌は、ロシアらしいオリジナリティを保ちながら、クオリティの高い誌面作りを目指して奮闘中だ。女性誌の歴史は、今なお続いている。

第1章　ロシアの女性誌の誕生

1　女性誌の黎明

ロシアで初めて出版された女性向けの雑誌は、『毎月のモード、あるいは婦人化粧室のための図書』（以下『毎月のモード』）という長い名前のものだった。一七七九年一月、当時の首都サンクト・ペテルブルグでこの雑誌を創刊したのは、多くの出版物を手掛けていたニコライ・ノヴィコフである。十八世紀後半のロシアは、出版業界のシステムが整い、メディアとしての新聞・雑誌といった定期刊行物の近代的な生産体制が確立した時期であり、文芸誌や音楽雑誌、演劇雑誌、子ども向けの雑誌など多様な媒体が出版されるようになっていた。そうした中で、ノヴィコフは、まだ小さなものであった女性読者層の開拓を目指したのである。

『毎月のモード』はファッション誌のような名前だが、内容は文芸誌で、おもに外国語から翻訳された小説や詩などが掲載されている。センチメンタルな恋愛を描いたものや、若い女性の冒険譚、寓話、中国の歴史物語や日本の紹介文（正確さには欠けているが）まで国や宗教を問わず多彩な作品が選ばれている。この雑誌から見えてくるのは、この時代のロシアにとっては西洋も東洋も未知の世界であり、物語を通して諸外国についての知識を得るというよりはむしろ、世界の広大さや多様さへの想像力を養うこと、つまり、自身の思考の領野を広げることこそが読書の意義であり喜びなのだという、現代では忘れられがちな知の本質である。

　まだ十八世紀後半の女性読者層は、上流階級の一部に限られてはいたが、ユーリイ・ロートマンは、著書『ロシア貴族』のなかで、一七七〇年代から九〇年代にかけて、女性たちが「読者」となっていき、「女性の蔵書」というまったく新しい概念が誕生したことを指摘し、「女性の世界」がより精神的なものへと変化し始めたと述べている。

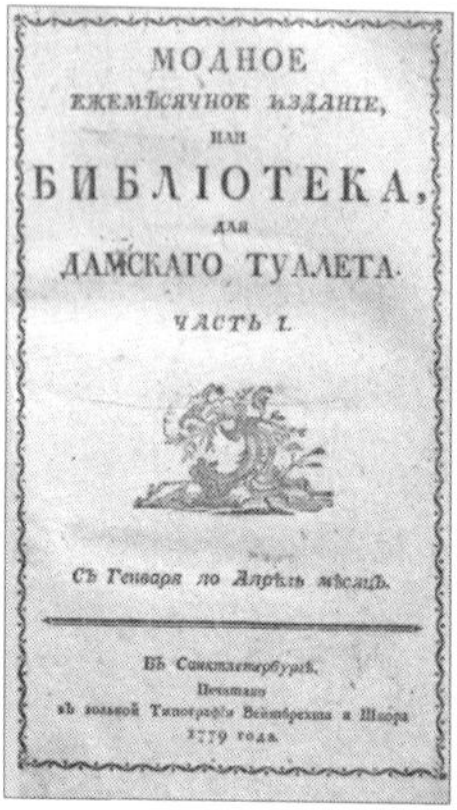
МОДНОЕ
ЕЖЕМѢСЯЧНОЕ ИЗДАНІЕ,
или
БИБЛІОТЕКА,
для
ДАМСКАГО ТУАЛЕТА.
ЧАСТЬ I.
Съ Генваря по Апрѣль мѣсяцъ.
ВЪ Санктпетербургѣ,
Печатано
въ вольной Типографіи Вейтбрехта и Шнора
1779 года.

『毎月のモード』創刊号

読書をする習慣をほとんど持たない女性たちの関心を惹くために、『毎月のモード』は、「モード」という語をタイトルに入れたのではないかといわれているが、読み物の間には着飾った貴婦人のイラストが挿しこまれて、タイトルが偽りにならぬよう配慮されている。残念ながら、この雑誌は、期待した読者数を得られず三年で休刊となった。このことは、当時の女性たちの教養が、ノヴィコフの予想よりもさらに低かったことを示している。女性の教養の必要性がロシアで本格的に問題とされるのは、十九世紀後半になってからのことだ。とはいえ、ノヴィコフの試みによって、ロシアにおける女性誌の歴史は始まったのである。

『毎月のモード』休刊からほぼ十年後の一七九一年、新たな女性誌『銅板エッチングとカラーのイラストで分かりやすく詳細に描かれた英国・フランス・ドイツの新しいモードの雑誌、ヨーロッパの有名都市の生活様式や公共の娯楽と気晴らしの仕方と楽しい小話などを記載した付録付き』（以下『新しいモードの雑誌』）が創刊され十か月間続いた。この雑誌は、説明的な非常に長いタイトルが示しているように、ヨーロッパ諸国の流行のファッションや生活習慣、都市の紹介などをおもな内容としていた。

十八世紀にロシア国内で発行された女性誌はわずかではあったが、文芸誌とファッション誌という、女性誌というメディアのその後の中心となるジャンルの嚆矢《こうし》をすでに見ることができる。

2　社会の変化と雑誌メディアの発展

十八世紀後半に始まったロシアの女性誌の歴史は十九世紀に大きな発展を見せる。十九世紀前半に出版されていた女性誌は、大きく二つのタイプに分けることができる。ひとつは、『アスパシヤの書斎』（一八一五）や『婦人の雑誌』（一八二三－一八三三）、『光線』（一八五〇－一八六〇）のような文学色の強い雑誌である。このタイプの雑誌は、文化的で啓蒙的な役割を持ち、女性の教育や文化レベルの向上を助ける性格のものである。読者層は必然的に、文学や歴史、哲学的なテーマなどに関心を持つ、ある程度の教養と知的関心のある女性たちということになる。もうひとつのタイプは、『新しいモードの雑誌』（一七九二）や『モード通報』（一八一六）、『花瓶』（一八三一－一八八四）、『花冠』（一八四一－一八六〇）のような、家事全般からファッションや手芸など、家庭での個人的な趣味や関心にまでアプローチするものである。こうした雑誌は、おもに既婚女性たち、つまり、主婦であり母である女性たちの人気を得ていたようだ。

また、一八三〇年代半ば頃から、ロシア社会ではジャーナリズムの役割が大きくなり始め、それに伴って、文芸誌にも社会的な問題が取り上げられるようになる。さらに、『光線』の出版人であった児童文学作家のアレクサンドラ・イシーモヴァは、雑誌は年齢層に応じて作る必要があるという考えから、子ども向けの雑誌、少女向けの雑誌なども手掛けている。『光線』は少女期を終えたばかりの若い世代の女性たちに向けられたものだった。したがって彼女たちの教養を高めるために、詩や小説だけでなく科学のページもあり、さらには、手芸や料理などの記事も含まれた内容豊かなものとなっている。

十九世紀後半は、ロシア社会全体が大きく変化し、女性たちにようやく教育機関への扉が開かれたときでもある。一八五六年の時点では、教育を受けた女子は女性人口の〇・一パーセントに過ぎなかったが、一八五八年には女子のギムナジウム（中高等学校）への受け入れも始まった。また、上流階級の子女のための寄宿学校が創設されたのもこの時期だ。

一八五九年には、ペテルブルグ大学をはじめとして、ハリコフ大学やキエフ大学、外科医学アカデミーで聴講生として女子学生の受け入れが始まっている。

さらに、一八六一年の農奴解放の気運を受けて、婦人問題への関心も高まっていく。人間にとっての個人の自由や人生における自己実現をめぐる議論が展開される中で、ロシアの女性たちの置かれた状況が明らかにされていったのである。こうした問題について論じた哲学者のニコライ・チェルヌイシェフスキイや、文芸評論家のニコライ・ドブロリューボフらの著作が出版されたのもこの時期だ。こうした出版界の動きは、女性史や女性の労働、女性の教育といった新たなテーマを社会に投げかけ、女性たちの生をめぐる諸問題への取り組み、女性解放運動の誕生など大きな影響をもたらすことになる。女性運動を率いる雑誌の登場はまだ本格的には見られなかったとはいえ、この時期には、女性の教育や労働をめぐる思想を普及させようとする社会性の強い女性誌も創刊されている。

急激な資本主義経済の発展と教育を受けた女性の増加は、都市部を中心に社会構造の大きな変化をもたらした。さらに、印刷技術の向上や出版事業の商業化を背景に、女性誌の種類も多様化していく。また、ロシア文学が大きな発展を遂げ、女性誌だけでなく文芸誌も非常によく読まれるようになった時期でもある。

歴史的な文学隆盛の波のなかで、女性誌においても、より文学性の高いものが出版されるようになっていく。代表的なものに、文芸批評家のドミトリイ・ピーサレフらが参加していた『夜明け』（一八五九－一八六二）や『女性通報』（一八六六－一八六八）、『女性の男友達』（一八八二－一八八四）などがある。なかでも、『夜明け』は、「女子のための科学・芸術・文学の雑誌」という副題を持ち、その名の通り、文学から自然科学までの多岐にわたる教養を女性たちに与えようという教育的な雑誌だった。出版人のヴァレリアン・クレンピンは、この雑誌をそれまでの女性誌とは異なる、政治や社会評論も提供する知的なものにしたいと考え、読者としては十代の少女から、その母親や教師の世代までを視野に入れて編集を行い、雑誌は着実に読者数を増やしていった。

まだ教育機関での女子教育が充実しているとはいいがたいこの時期、雑誌が提供する、物理学や地理学、歴史、数学、哲学などの知識は、女性たちにとって貴重なものであったと思われる。また、『夜明け』は文芸欄も充実しており、ヨーロッパ各国の文学作品の翻訳やロシアの作家たちの作品も紹介され、女性たちは雑誌を通して、グローバルな文学世界とも出会うことになったのである。

とはいえ、多くの女性読者たちにはやはり家事や手芸、ファッションといったテーマが根強い人気をもっており、ペテルブルグでは『流行雑誌』(一八六二－一八八三)や『流行世界』(一八六八－一八八三)といったファッション誌も数多く出版されていた。こうした雑誌には女性編集者も登場しており、『流行世界』ではユーリヤ・ポメランツェヴァのような女性編集長も誕生している。上流階級でのフランス語教育が根付いていたロシア社会では、限られた層とはいえ、外国語が堪能な女性たちもおり、ファッションの中心であるパリの情報はとりわけアクセスしやすいものであったこと、さらに、資本主義の発達によって一般的な商品の購買層が拡大したことにより、人々の流行への感度が高くなってきたことも背景にあるだろう。

十九世紀後半にもっとも息の長い女性誌となったのは、『新ロシアンバザール』(一八六九－一八九八)である。この雑誌は、文学や社交界のニュースとともに社会批評、手芸や図書紹介の欄があり、さらに、「婦人問題欄」も開設されて、十九世紀後半の女性解放運動を支える理論を展開させる一助となった。

しかし、ファッションや手芸などの雑誌が、徐々に利益を上げるようになっていったのに対し、『夜明け』や『女性通報』のような、より知的な読者層をターゲットとした「まじめな雑誌」は利益率も低く、存続は厳しいものとなっていった。その結果、出版物の大衆化と商業化が益々進んでいったのである。後の出版人たちも、この時期の雑誌の営業実績を経営の参考にしていたという。

そして、二十世紀初頭に入ると女性誌も大衆的なものと政治的なものへと明確に二分化されていく。なかでも大きな現象といえるのは、女性たちの意識の向上である。とりわけ、職業を選ぶこと、そして経済的な自立に対する意欲が高まったことと、政治活動のイニシアチヴをとる女性層が現れたことは特徴的だ。

それを象徴する雑誌が、ペテルブルグで創刊された『女性通報』（一九〇四―一九一七、一八六六年に創刊された同名の雑誌とは別物）である。この雑誌は、女性運動の活動家で医師のマリヤ・ポクロフスカヤが企画したもので、一九〇六年には同編集部が、政党「女性進歩党」を結成し、雑誌の出版は明確に政治活動の一環とされている。家庭や社会における男女同権の確立を目指して、誌面では女性運動の理論構築をめぐる議論（「ロシアの女性たちの法的立場」、「男女平等を支持する女性たちへ」）や国外の女性運動の紹介（「英国における政治的権利獲得の闘い」、「海外の女性ジャーナリストたち」）などが行われた。同様に、女性の解放を目指す組織である女性同権同盟による『女性同盟』（一九〇七－一九〇九）、『労働婦人』（一九一四－）も創刊されている。

一方、大衆的な女性読者層に向けられた新しい雑誌も次々に創刊された。『女性』（一九〇五－一九一八）、『婦人の世界』（一九一二－一九一八）、『女性の問題』（一九一〇－一九一八）、『主婦のための雑誌』（一九一二－一九一八）、『女性の世界』（一九一二－一九一七）、『女性のための雑誌』（一九一四－一九一八）などである。これらの雑誌に共通しているのは、コンテンツとしてさまざまなテーマの小さなコーナーが数多くあることだ。社会や家庭の問題、文化、教育、宗教など、一般の人々が生活の中で出会う諸問題について、適切なアドバイスを与える役割を果たそうとしていたようだ。さらに、ファッションや家政、手芸といったテーマは独立したジャンルとなり実用雑誌として発行され始める。その背景には、印刷術の向上によって誌面の質が著しく向上し、カラーの挿絵印刷も普及してきたことがある。『ヴォルト』（一九〇五－一九一三）や『家のお針子』（一九〇六－一九〇八）、『パリジェンヌ』

（一九〇八－一九一〇）、『リンネルと刺繍』（一九〇九－一九一六）、『みんなのモード』（一九一〇－一九一四）などを挙げることができる。

この時期には、雑誌以外でも単行本として刺繍や手芸、裁縫関係の書籍が多く出版されている。一八五一年にアメリカでシンガー社が設立されたことで、ミシンは世界中に普及したが、ロシアでの需要は他の国々に比べてもかなり大きく、十九世紀末頃には国内に三千軒を超える販売店があったという。紡績産業の発展による衣服の生産率の上昇と、都市化によって女性たちの就労・経済状況が変化し、日常生活におけるファッションへの関心が高まってきたことが大きな要因であろう。多くの女性読者たちの関心は、社会的な問題というよりも、より私的で自身の日常生活に直接つながっている問題にあった。女性たちの関心に応えるテーマを取り上げた雑誌は、比較的長く購読され、「主婦層」という現在にまで続く雑誌メディアの大きな読者層を作り上げていったのである。

一方、この時期の政治的な女性誌では、同時代のヨーロッパの思想に共鳴しながら、「新しい女性」の形象が提唱されている。農奴解放に続いて、女性解放運動の波が高まったロシアでは、雑誌メディアを中心に女性たちの問題をめぐる議論が盛んに行われるようになった。それは後に革命運動と連動することになる。女性解放や男女同権を訴えた『女性通報』や『女性同盟』、『労働婦人』などの誌面には、海外の女性たちの生き方や女性解放運動の理論、書誌の紹介などの記事が掲載されていく。政治的な雑誌は大衆的なものに比べると種類も部数は多くはなかったが、同じ思想を持つ小さなグループとしての読者層へ知識と情報と共感を確実にもたらす役割を果たしていったことが想像できる。

女性の教育、女性の職業、女性の権利という意識は、こうした雑誌メディアを重要な伝達ツールのひとつとして十九世紀後半から二十世紀初頭にかけて獲得され、革命運動との連帯に道をつないでいくのである。

女性誌というのは、どの国においても、現在でもなお非常に短命なものが多い。これまでに本書で挙げた女性誌も、そのほとんどが数か月、長くても数年間で休刊や廃刊となっていった。さらに、経営的には生き残ることのできた雑誌も『労働婦人』一誌をのぞいてすべて革命を機に姿を消すことになる。

第2章　新しいソヴィエトの女性たち

十九世紀末に活発になったロシアの女性解放運動は、二〇世紀に入ると革命運動とひとつになる。帝政下で多くの権利や自由を奪われていた女性たちにとって、社会主義の理念が示す男女平等な社会の建設が理想的に映ったことは当然だ。彼女たちの活動は、おもに集会や出版物の発行という手段で進められた。

ソ連時代の三大女性誌といえば、『ソヴィエト女性』、『労働婦人』、『農業婦人』の三誌である。この内、諸外国向けに発行されていた『ソヴィエト女性』（日本語版は『ソビエト婦人』）は、ソ連崩壊後、『女性の世界』と名前を変えたが、『労働婦人』と『農業婦人』は同名のまま、一九九一年以降も三誌とも継続して発行され（『農業婦人』は二〇一五年に休刊）、もっとも古い『労働婦人』は、二〇一四年に創刊百周年を迎えた。本章では、ソ連国内の女性向けに出版され、発行部数も群を抜いていた『労働婦人』と『農業婦人』の二誌を中心に、国家が女性誌というメディアを通して求めた女性像の理想と現実がいかなるものであったのかを見ていきたい。

1　『労働婦人』、『農業婦人』

『労働婦人』、『農業婦人』の二誌がソ連時代に発信していた基本的な主題は共通して、工業生産、農業生産の向上である。二つの雑誌は、党の政策を国内各地の女性たちに伝える国営のマスメディアの役割を果たしていた。当時、記事を執筆していたのは、一般の労働者や農業従事者たち、あるいは、専門家や党員らである。

『労働婦人』の誌名は、「ラボートニツァ」＝「はたらく女性」を意味するロシア語で、一九一四年の創刊号では、タイトルの下に「女性の労働運動の利益を全面的に保護することを目的とする雑誌」と書かれている。

この雑誌は、二十世紀初頭の帝政末期の時期に、ロシア帝国内における女性の人権を求める活動を支持し、女性たちを啓蒙することを目的に発行されたものだった。創刊のイニシアチヴをとったのはウラジーミル・レーニンだといわれており、編集には、ナデージダ・クループスカヤやイネッサ・アルマンドら当時の革命派女性活動家の面々が加わっていた。一九一四年の一年間に七号を発行しているが、うち三号は警察に押収されたという。革命と国内戦の混乱を経た後の一九二三年に、ソ連の公式の女性誌の旗手として出版を再開した際の発行部数は一万部だったが、一九二四年には一〇万部に増え、その後も伸び続けて、一九八〇年代には二三〇〇万部に達している。

三月八日（旧暦の二月二三日）の国際女性の日に合わせて創刊された『労働婦人』の創刊号は、「女性の日の意義」という記事に始まり、女性の日の過ごし方やはたらく女性の権利の保障に関する問題が中心となっている。誌面は雑誌といってもタブロイド版の新聞仕様で、一面には編集部による雑誌発刊の宣言

ДВУХНЕДѢЛЬНЫЙ ЖУРНАЛЪ
РАБОТНИЦА
№ 1
23 Февраля
Отъ редакціи

『労働婦人』創刊号

文が掲載されている。そこでは、昨今のロシアにおいてははたらく女性たちの権利の保障が焦眉の問題となっていること、さらに男女に同等の選挙権を与えるべきであることが主張され、以下のように締めくくられている。

雑誌『労働婦人』ははたらく女性を助けたい。

本誌は、いまだ意識の低いはたらく女性たちに対し、彼女たちの利益を明確にしていくつもりだ。彼女たちの利益は、ロシアのみならず、すべての国々のすべての労働者たち、ならびに、労働者階級全体に共通のものであることが示されるであろう。

はたらく女性たちの権利の獲得と保障、労働における男女平等を理念とした『労働婦人』は、革命運動とひとつになり、その後、ソ連時代を通してソ連のはたらく女性のあるべき姿を示す媒体となるのである。

一方、『農業婦人』は、革命後の一九二二年に創刊された。『農業婦人』＝「クレスチヤンカ」は、農業に従事する女性を表すロシア語である。

『労働婦人』が都市部の働く女性たちをターゲットにしていたのに対し、『農業婦人』はコルホーズなどではたらく女性たちを中心とした農業従事者たち、あるいは地方で暮らす女性たちを読者として企画されたものだ。出版元も『労働婦人』と同じプラウダ出版局（ソ連共産党機関紙の出版所）であり、二誌は姉妹誌と呼ぶことができる。

編集部は誌面作りに際して、農村部の女性たちが都市部に比べ識字率が低いことや、生活や労働条件が異なることを十分に考慮している。農業生産がなかなか軌道に乗らず、終始厳しい食糧事情が続いたソ連では、農業における生産力の向上は常に切迫した問題であり、そのためには、生産性とともに農業従事者の意識やモチベーションを上げる必要があった。社会主義リアリズムの文学において、コルホーズが舞台となるものが多いことや、強く賢い女性たちが活躍する物語が好まれたことなどにもこうした事情が背景にある。

『農業婦人』の発行部数は、創刊号は六五〇〇部だが、二年後の一九二四年には三万部、一九二九年には一〇万部、一九三六年には二〇万部、一九三八年には四〇万部と着実に読者を増やしていき、ソ連で『労働婦人』につぐ第二位の読者数を有する主要雑誌となっていくのである。

2　旧い価値観との闘い

一九二〇年代の『労働婦人』、『農業婦人』から読み取れる明確なテーマは、旧い伝統的な価値観を撲滅し、新しいソヴィエト的な生活を確立するための闘いである。具体的には、結婚制度そのものの意義を問い直し、家事と育児を公的サービスに移行するという政策を実現し、それによって女性たちを労働力として工業・農業現場へ動員することである。

雑誌が創出する「新しいソヴィエトの女性」とは、日常生活の軛《くびき》から解放され、結婚しなくても子を産み、育て、社会の一員として誇りをもってはたらく女性のことだ。『農業婦人』の一九二三年一月号の表紙には、赤い三角巾を頭に巻いた女性が描かれているが、右手には子どもを抱き、左手には鎌と新聞を持っている。その新聞にはマルクスの肖像が描かれている。ロシアの女性たちは伝統的にプラトーク（大判のスカーフ）を顎の下で結ぶことが多いが、ここに描かれた女性のように後ろできりりと結んだ三角巾は、この時期の解放された女性の象徴である。一九二〇年代の『労働婦人』や『農業婦人』に掲載された短編小説の挿絵には、プラトークを顎の下で結んだ母親や三角巾を後ろで結んだ娘や女性代表委員の姿がしばしば描かれている。『農業婦人』一九二三年十九号の短編「結婚式」では、若い女性レボリューツィヤ（革命）がオクチャーブリ（十月）と結婚する際、白いヴエールのかわりに赤い三角巾を頭に巻いており、まさに「新しい家庭」の誕生を印象づけている。これが、党が理想とした「ソヴィエト女性」のイメージであった。

『農業婦人』1923年1号

一九二〇年代の『労働婦人』では、女性の家庭内での労働が「終身奴隷《カバラ》」という語で繰り返し表現され、「家の終身奴隷」というタイトルのコーナーがたびたび掲載されている。写真とキャプションだけで構成された誌面だが、水汲み、サモワール（ロシア式の湯沸かし器）の手入れ、洗濯、アイロンがけ、子どもの世話、そして、酔って帰宅した夫の介抱といった主婦の一日の仕事が紹介され、ロシアの女性たちの過剰な負担を物語っている。付け加えておくと、ソ連時代、とりわけ前半期の女性誌では、女性たちが肯定的に語られるときには「ソヴィエトの」、否定的なときには「ロシアの」という形容詞が付される傾向にある。

家庭からの女性の解放というスローガンは、労働人員を確保するためだけでなく、女性の人生の質を向上させるものとして、社会にとっても個々の女性自身にとっても有益だと喧伝された。その結果、家族という単位が社会から駆逐されることは必然的であり、自然の成り行きであると考えられたのである。一九一八年の全ロシア女性労働者大会では、「家族は社会にとって必要なものではなくなるだろう、コミュニズムの勝利によって、すべての家事と家族の世話は集団、労働者国家じたいが負うものとなるからである」という新しい社会における家族不要論が確認され、一九二〇年代の誌面で繰り返し伝えられていった。

古い価値観を捨てよというメッセージが、より強く打ち出されたのは『農業婦人』の方だ。誌面では、新しい生き方を目指す若い女性たちの道が、古い思考を疑うことさえしない親や夫により阻まれるという例が繰り返し紹介され、彼女たちの奮闘には「女の反乱《バービー・ブント》」という見出しがつけられた。しかし、実際には、地方の女性たちがボリシェヴィキ体制に強い抵抗を示し、これまでの伝統的な生活と女性の生き方を守るために「女の反乱《バービー・ブント》」と呼ばれるアクションを起こしていたのだった。家事や育児を他人に任せ、工場ではたらくという生活の急転換に違和感を覚えた女性も少なくなかったようである。

これらの記事では、男性の家庭内での横暴さが非常にわかりやすく表現されている。それは、おもに、妻を苦しめるアル中の夫や、娘に教育を受けさせようとしない父親といった人物形象となって、短編小説や速歌《はやうた》（チャストゥーシカ）と呼ばれる短詩型の民謡のような文芸作品の形式で描かれた。女性たちに対する雑誌のメッセージは、古い考え方に囚われた男性たちに従順である必要はない、ソ連体制はあなた方の自立を支援する、安心して立ち上がりなさいというものである。

例えば、『農業婦人』一九二四年の七号に掲載されたピョートル・オレーシンの「女の反乱」という短編小説では、若く美しく賢い妻カテリーナが、粗野で教養がなく威圧的な夫に根気強く反抗し、妻を家畜としてではなく人間として見るようにと説いていく。

女性の方が男性（特に夫）に比べ新しい社会に対する意識が高いという設定は、以後のソ連の社会主義リアリズムの小説にもよく見られるものだ。こうした短編小説のストーリーで女性たちにとって人生の大転回の契機となるのは読み書きを覚えることである。文盲撲滅はソ連における最初の大きな課題であった。女性たちの意識と地位を向上させるためには、知識を得られるよう、まずは読み書きを習得することが必要だったのである。

さらに革命直後から一九二〇年代にかけてソ連社会が抱えていた女性をめぐるその他の問題を女性誌の中に見ることができる。失業、貧困、売春、中絶、病気の蔓延などである。雑誌ではこれらの問題の根源はひとつだと考えられている。教育を受けておらず無知なままの女性が失業し貧困状態に陥った結果、やむを得ず売春を強いられる、売春婦の増加はさらに性病や中絶の蔓延の要因にもなっていく。ボリシェヴィキ政権は、売春や不法な堕胎処置、性病を、資本主義社会の負の遺産とみなしており、社会主義体制下においては完全に撲滅されるべきものと考えていた。また、帝政時代の劣悪な状況ではたらいていた女工らを苦しめていた結核も、強欲な資本家のもとで生じるブルジョア的な疾患であるとして、ソ連体制初期から撲滅に取り組んでいた。

ただし、現実の一九二〇年代の社会が、雑誌に記述されているような、「新しいソヴィエト女性」像を目指す女性たちばかりであったと考えることは、もちろんできない。この時期に、とりわけ『農業婦人』に頻繁に掲載される宗教（おもにロシア正教）批判の記事などは、逆に地方での信仰の根強さを物語っているし、女性の失業をめぐるテーマも絶えず議論されている。このとき、「女性失業者」という婉曲的な表現で言及されているのは、貧困のために売春を強いられる女性たちのことだ。

一九二〇年代は、国内戦を終えた男性たちが社会に戻ってきたことで、多くの女性たちが仕事を奪われることになった。さらに、ネップ（新経済政策）によって誕生した富裕層が女性たちの買い手となって、都市部を中心に売春が急増した時期である。

例えば、『労働婦人』の一九二三年二号には、「女性の失業をいかに克服するか」という記事が掲載されている。ここでは、国内戦が終わり、四百万人以上の赤軍兵が戻って来た結果、職を追われた数百万の女性たちがいること、彼女たちの多くが、地方から都市部へと仕事を求めて流出したことが記述されている。彼女たちには当局が設けた職業斡旋所へ登録する権利があるのだが、多くの女性たちがそれを知らずに、自力で仕事を見つけようとし、ネップの恩恵でひと儲けしたネップマンと呼ばれた富裕層の家で女中として雇われることが多いと書かれている。

公式には「女中《プリスルーガ》」という語はブルジョワ的であるとして、革命と同時に「家庭内労働婦人」という表現に改められていたし、女中とか召使といった職業はすでに認められていなかったものの、新たな富裕層の登場により再び復活している。しかも、革命前の女中とは異なり、実質的にはネップマン相手の売春婦、情婦であり、悪しき旧体制の負の遺産として撲滅を目指していた売春が、皮肉にもボリシェヴィキの経済政策によって早々に拡大してしまっている。同号には「失業者ウーリャ」という短編も掲載されているが、こちらも同様に、失業中の若い女性ウーリャが、「女中になるのは怖い」と思いながらもネップマンたちの社交場となっているカフェ「パリ」で働き始める物語だ。

一方、一九三〇年代に入ると、党の家族政策は、再び婚姻関係を重視する方向へと変更され、女性誌においても、それまでのような「幸福な母子家庭」の紹介は減っていく。背景には、急激に増えた離婚や非婚によって出生率が低下したこと、さらに、浮浪児や青年による犯罪が増えた原因が家庭の喪失による愛情不足にあるのではないかとみなしたことなどが子育て欄の記述などから窺える。

こうして、女性をめぐる党の政策は、スターリン時代に入ると大きく変更される。革命直後は、結婚制度の無効化を図り、非嫡出子の権利の保障や離婚手続きの簡略化、医療行為としての人工妊娠中絶の合法化を行ったのだが、一九三〇年代には再び婚姻関係と出産を奨励し、一九三六年には中絶の法的な禁止へと方向転換した。女性誌も当然、党の方針に従うことになる。

誌面では、一九二八年から打ち出された五カ年計画の遂行が国家にとってもっとも重要な事項として掲げられ、その成果や目標を次々と謳い始めるようになる。一九三

ВСЕ СИЛЫ, ВСЕ УМЕНЬЕ — НА ВЫПОЛНЕНИЕ ЗАДАНИЙ 3-го, РЕШАЮЩЕГО ГОДА ПЯТИЛЕТКИ

СОРЕВНОВАНИЕ МЕЖДУ ЖЕНОЙ И МУЖЕМ

ЛУЧШИХ УДАРНИЦ — В ПАРТИЮ

「すべての力、すべての能力を五カ年計画遂行のために」
（『労働婦人』1931年5号）

〇年代を通して、「女性たちを生産現場へ」とか「五カ年計画遂行のために全力を」といった文言が誌面を飾り、旧体制との闘いというテーマは一気に姿を消した。

『労働婦人』一九三一年四月号の「数百万人を台所から機械へ」と題された記事には、「数百万人の女性たちを生産の場へ取り込み、労働婦人と農業婦人をより多く早急に生産業務へと参加させるには、日常生活の諸問題や日用品の供給の諸問題、とりわけ、食堂の問題と、さらに、住宅問題への心配りを強化する必要がある」というモロトフの言葉が強調されているが、この文言はこの時期の政権の意思として随所で繰り返されており、「はたらく女性」の社会的価値を確固たるものとしていく。

一方、社会が抱えたままの未解決の問題は、社会をより良きものにするための課題とし

РАБОТНИЦА

МИЛЛИОНЫ — ОТ КУХНИ К СТАНКУ

3

五カ年計画「数百万人を台所から機械へ」（『労働婦人』1931年4号）

て肯定的に語られ始めている。なかでも、保育園や託児所、公共食堂の創設やその運営方法に関する記事は毎号掲載されており、質の改善のためにコンクールを開催して競わせたりもしている。

同時に、一九二〇年代には旧体制から続いている個人の悲劇的な問題として婉曲的に言及されていた中絶の問題が、本格的な社会問題として誌面で取り上げられるようになる。医師による科学的なアドバイスとして、人工妊娠中絶がいかに危険なものであるかが警告され、ソヴィエトの女性たちの健康を守るために、中絶と闘わねばならないと提言される。一九三〇年の『農業婦人』一〇号には、「中絶とその原因・後遺症に関する医師の助言」という小論が掲載されている。

中絶、あるいは流産とは何か――このことは、ほぼすべての女性が知っています。しかし、これまで多くの女性たちが、中絶をたいしたことではないと考えてきました。中絶に対するこのような態度は、中絶の際にどんな危険な目に遭うのかをまったく知らないせいで生じているのです。したがって、女性たち一人一人が、中絶を決意する前に、よく考えなければいけません。中絶は女性の健康をひどく損なうこともあるのだということを知らなければならないのです。

中絶の危険性についての記事は、その後も繰り返し掲載され、いずれの記事においても、人工妊娠中絶は、女性の身体を傷つけ、命を落としたり不妊症になるリスクが高いことが警告されて、具体的な症例を用いて分かりやすく解説されている。

中絶の問題は、深刻な人口問題を抱えるソ連にとって長年にわたって切実なものだった。出生率の低下を食い止め、中絶手術の事故で失われることも多い女性たちの命を守りつつ、たび重なる中絶で不妊症となる女性を減少させる必要がある。引用した記事の末尾では、ソヴィエト政権は中絶手術の件数を制限することにしたと告げられ、女性たちに中絶を諦めて出産を促す内容となっている。そのために政府は、母子保護局を各所に設置し、労働と子育ての両立を助けることを約束している。

女性誌におけるこうした警告が、どれほどの効果をもたらしたのかは分からない。また、中絶させないための理不尽な方策は女性たちの自由を奪い、苦しめたとして批判されるべきものである。だが、いずれにせよ、出生率の回復は大きな成果を見ぬままに第二次世界大戦へと突入し、さらなる人口の減少、とりわけ、男性人口の激減により、シングルマザーも中絶件数もさらに増えていくのである。

3　新しいソヴィエトの「はたらく母親」

一九一八年にボリシェヴィキ政権が制定した婚姻法では、夫婦のうちどちらか一方が望めば離婚できるようになっていた。また、教会を介さずに書類による登録のみの婚姻関係を推奨しており、革命前までの教会と夫に縛られた女性たちの立場は大きく変化した。意志に沿わぬ結婚や夫の暴力や飲酒に苦しんでいた女性は多く、実際に一九二〇年代には離婚率が急増している。さらにこの婚姻法では嫡出子と婚外子に同等の権利を認め、未婚での出産も支援する格好になっている。同時期の日本は大正デモクラシーの時期にあたり、法的には離婚の権利は誰にも認められてはいた。とはいえ、明治時代に民法に明文化された家父長制と良妻賢母思想の浸透により、ほとんどの女性は家庭に押し込められたままだった。ソ連におけるこの新たな法は女性解放の旗印となった。

一九二〇年代の誌面は、旧体制下で虐げられていた女性たちが、新しい社会制度のもとで解放され、経済的にも自立していくという希望に満ち、女性たちを苦しめていた社会問題が、新たな社会ではすべて解決可能であるという雰囲気がある。書簡や手記、小説の形で記述される女性たちの人生の多くは、離婚や非婚の選択を経て、幸福なシングルマザーとしてはたらく「新しいソヴィエト女性」像を提示している。

例えば、『労働婦人』一九二五年の七号に掲載されている短編「新しいやり方で」では、主人公のマーニャが未婚のまま子どもを出産する。古い考え方の両親は未婚の娘の妊娠を知り激怒するのだが、マーニャは地域の女性代表委員の支援を得て実家を離れ、部屋を与えられて、無事に息子を出産する。子どもは託児所に預け、彼女はこれまで通り工場での勤務を続けることができる。

同様の作品はこの時期、多くみられるが、子どもの父親の存在や結婚をめぐるやりとりのないことがほとんどで、マーニャも妊娠から出産に至るまで結婚について思案する様子がまったくない。

経済的にも精神的にも自立したシングルマザーの形象は、文盲でないこと＝知識を得る力を備えていることに裏付けられているのに対し、対比される両親（特に母親）は、読み書きができず、古い慣習に従って生きるほかない哀れな存在として描写されている。「幸福なシングルマザー」を保証するのは、経済的な自立＝「はたらく女性」であるということだ。このように、女性を労働現場に動員するために、ボリシェヴィキ政権は、育児と家事を公的サービスとして社会が担い、女性たちの家庭内の負担を軽減することを提案し、はたらくことを人生の優先事項とする女性の表象を創出していったのである。

　さらに、「新しい女性」像の形成に効果的に寄与しているのが、新たな語彙である。ロシアの女性たちは、それまで、家族や地域の共同体という小さなコミュニティにおいて、「母」、「妻」、「嫁」、「娘」といった、親族関係を中心とした立場に置かれていたが、彼女たちの存在のありかたは革命後、より社会的・国家的なものへと変化していく。ボリシェヴィキ政権は、ソ連の女性たちを家から解放すると同時に、雑誌名となった「労働婦人」「農業婦人」や「女性勤労者」、あるいはより具体的な職業名で「女性紡績工」「女性機織工」、あるいは当局との関係において「女性共産党員」「女性代表委員」「女性共産少年団員《ピオネール》」

「女性プロレタリアート」といった肩書を与えていく。

女性たちの新たな称号は、誌面において具体的な人物像として提示されることで、読者にわかりやすいロールモデルを示していった。このために有効に用いられたのも文芸作品である。短編小説だけでなく、短く読みやすい詩は読者にも好まれたようだ。『労働婦人』一九二三年八号に掲載された詩「新しい人生」では、機織工のフローニャが工場で楽しく労働し、工場内の新聞の編集に参加し、自身も詩を執筆している充実した日々が描かれているし、同頁の「女性代表委員」という詩では、正義と自由のた

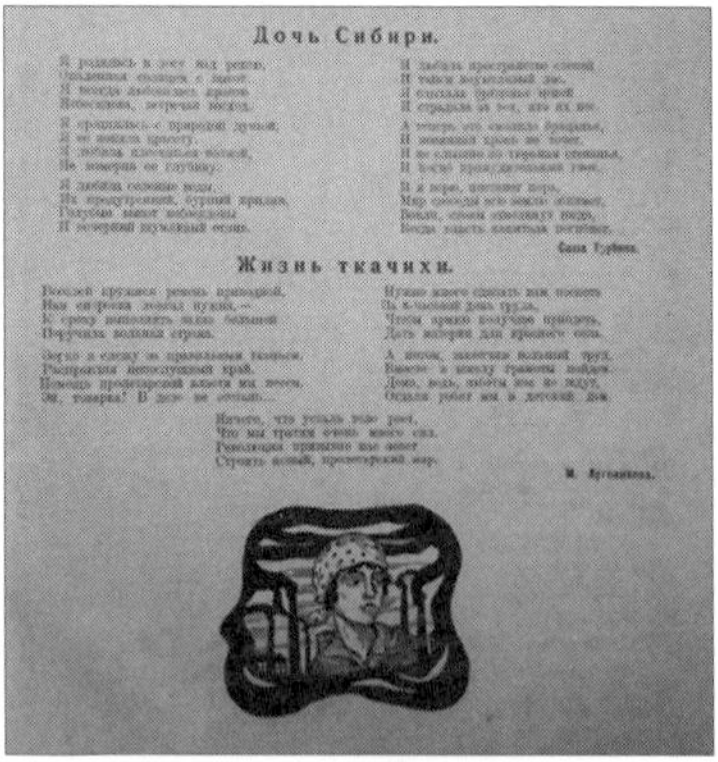

Дочь Сибири.

Жизнь ткачихи.

『労働婦人』1923年7号に掲載された詩「シベリアの娘」と「女性機械工の人生」。

詩句の一部には「私は信じている、その時が来ると／自由の世界が大地を丸ごと抱擁し／泣き声、呻き声が静まる時が／資本家の権力が潰える時が」(「シベリアの娘」)、「そして労働を終えたら／一緒に読み書きの学校へ行こう／家には手のかかることはないんだから／子どもらは幼稚園に預けてある」(「女性機械工の人生」)とある。

めに闘う労働女性のリーダーの強い意志が記述されている。

こうした記事が掲載されることの第一の意義は、読者である普通の女性たちがこの社会の主人公であることを示すことにある。彼女たちは、「女性代表委員」や「女性共産党員」になる以前は、町や農村で暮らす読み書きのできない「妻」や「嫁」だったが、ソヴィエト体制下では、社会的な役割を担った存在となることができた。その過程と変化の様相は、一人の女性の人生の物語として、体験談や回想、あるいはオーチェルク（ルポルタージュ）といった形式で語られ、ソ連体制下に生きるすべての女性が、この成長物語の主人公となる可能性を持っていることを示唆している。それは、女性たちが自身を客観的なものとする契機ともなっている。

これまで出版物とは縁もなかった彼女らが、描かれる対象となることによって、その人生経験が物語となるのである。また、回想や手記では、語る主体となる。「読む」「書く」主体であり、「描かれる」「読まれる」対象にもなるという関係性が、雑誌と女性たちをつないでいるのである。

第二次世界大戦（ソ連ではおもに一九四一年からの独ソ戦）が始まると、ソ連の女性誌は、

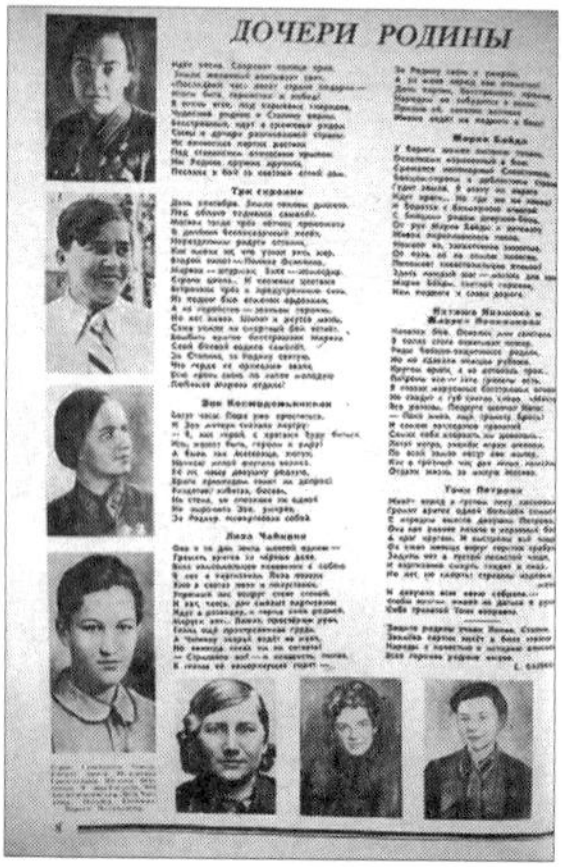
ДОЧЕРИ РОДИНЫ

「祖国の娘たち」ゾーヤ・コスモデミヤンスカヤら女性パルチザンたち（『労働婦人』1943年3号）

Женщины на фронте

「前線の女性たち」女性部隊や従軍看護師、鉄道通信員らを称える（『労働婦人』1942年3号）

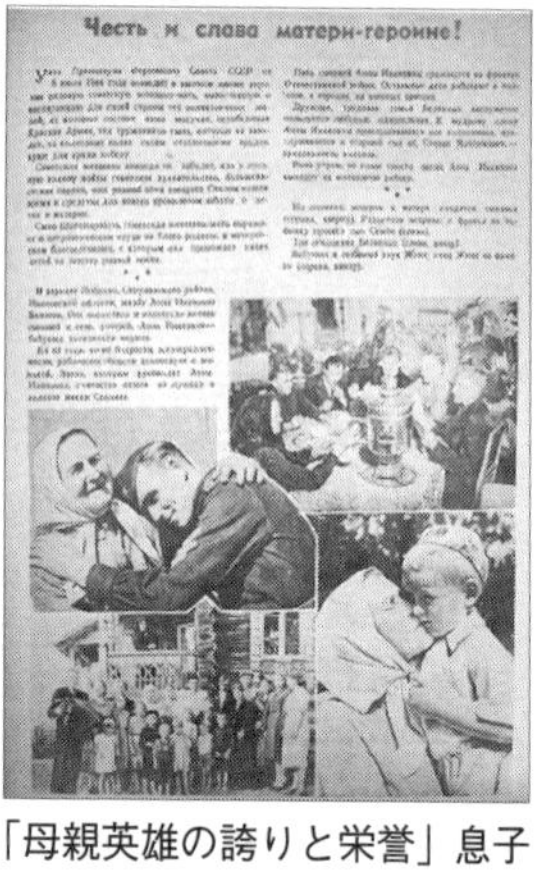
Честь и слава матери-героине!

「母親英雄の誇りと栄誉」息子たちを兵士に育てた母親の表彰（『農業婦人』1944年8-9号）

他国と同様、女性たちの士気を高めることに努めるようになる。

戦時体制下では、さらに女性たちを表す新たな語が登場する。女性兵士を示す「女性パルチザン」「女性愛国者」「女性衛生隊員」「女性通信員」などに加え、「女性従軍医師」や「従軍看護師」、さらに、「兵士の妻」、「兵士の母」などである。この時期にはゴーリキイの長編『母』の抜粋も繰り返し掲載され、他の書き手らによる「母」と題された短編や中編、詩も多く登場している。こうした記事には、前線へ赴く女性たちや銃後を守り戦場へ送る物資を供給することに尽力する女性たちを鼓舞するだけでなく、戦争による人口減を補うために出産を奨励する当局の意図もうかがえる。いうまでもなく、他国と同様、労働現場においても出兵した男性の不在を補う必要があり「はたらく女性」たちは、再び男性の職域へと進出していく。勇敢ではたらき者であることに加え、妻や母としての愛情の豊かさを持つ女性像が理想化されていくのである。

同時に、夫や息子を戦場へ送った妻や母たちには、前線で戦っている愛する家族のために少しでも多くの物資を送ろうという呼びかけが行われる。さらには、武器供給のための金属を集めようとか、戦場へもっと食糧を送ろう、献血をしようという呼びかけも行われる。また、破壊された建物の修繕の仕方、防空壕の作り方、食糧の保存の仕方、子どもの下痢やけがが人の応急処置の仕方なども繰り返し掲載されて、戦時下での当座の生活を助ける情報が提供されていく。

その中でも、一九四二年頃から戦後の一九五〇年代にかけて継続して掲載された主要なテーマが孤児に関するものだ。孤児の養育については、『労働婦人』ではすでに一九四二年四号には「孤児に家族を」という記事が掲載されており、積極的に養子を迎えることを女性たちに呼びかけている。「養子」、「新しい家族」、「子どもの家」という表現は戦後になるとさらに増え、戦争孤児たちを引き取り母の愛情を注ぐことが、大きな家族の中心であるソヴィエト女性のあるべき姿であるという、戦後期独自の女性の理想像が求められるようになる。

一九四五年の秋以降、誌面にはファッションや美容、料理といった一般的なコーナーもわずかに現れるが、母子をめぐるテーマは戦前・戦時中以上に拡大され、「戻ってきた子ども時代」「幸福な子ども時代」という見出しもシリーズ化してくる。そうした中で、一九四七年になると、「子育ては母の義務」という記事が登場する。これにより、ソ連当局は、「育児の公共化」という当初のポリシーを放棄し、子育てを（孤児も含めて）母としての女性たちへ委ねる方針へと明確に転換したことが分かる。未来のソヴィエト市民を健全に育てるために、母親には、雑誌を通して、正しい食事、清潔な身体、家庭での学習など

ЛЮБОВЬ И ЛАСКУ ОСИРОТЕВШИМ ДЕТЯМ!

「孤児たちに愛情と優しさを！」
（『労働婦人』1944年8-9号）

「幸福な子ども時代」（『労働婦人』1948年9号）

様々な知識が与えられていく。さらには、中絶の危険性、妊娠中の体調管理、生まれた子どもを病気から守るノウハウが繰り返し掲載され、出産奨励と併せて大きな課題となっている。

戦後のソ連の人口問題は切迫したものだった。男性人口の激減による女性の雇用の加速は、さらなる出生率の低下をもたらした。政府は、シングルマザーに対する支援と同時に、子沢山の女性への特典なども打ち出して出産を奨励していく。ソ連におけるシングルマザーへの支援は、離婚や死別による一人親家庭に対してのみでなく、未婚で出産した女性とその子にも同等の権利を与えることが前提となっていた。これは実質的には、未婚での妊娠・出産を奨励するものであったが、期待した成果は得られなかった。出生率の低下だけでなく、離婚率や、子どものいない家庭、シングルマザーの増加に歯止めをかけることはできなかったのである。

こうした状況を背景にして、女性誌では、生まれた子どもを無事に育て上げることも大きなテーマとなっていった。子育ての問題は、『労働婦人』や『農業婦人』創刊時から継続したテーマではあったが、ここへきてさらにクローズアップされる。

取り上げられているのは、大人の不注意による子どもの病死や事故死の防止に加え、一人親家庭や孤児のサポートである。誌面では、子どもの健康や家庭での軽い病気の治療法、養育についての具体的なアドバイスが多々紹介されている。こうした記事は読者からの需要も極めて高かったようだ。「若いお母さんたちにもっと助言してあげましょう、正しい子どもの世話の仕方やしつけ方を母親に教えてあげましょう」、「子どもの養育、少年少女との活動、浮浪児撲滅の闘い――これらの問題はすべて、母親たちが胸を痛めている身近なものです。一人親の母親は自分に注意が向けられるのを待っています」（『労働婦人』一九四七年五号）。

同じ理由から、保育園や託児所での子どもたちのケアも問題視されるようになる。寝具や衣服の衛生面、食事の栄養面、部屋の換気や適切な運動など、預かっている子どもたちの健康を守るためのアドバイスが細かく指示されており、逆にそこから実際の育児現場が抱える多くの問題を垣間見ることができるのである。

また、第二次世界大戦後の女性たちは、戦時中に失われた道徳やモラルの問題も抱えていた。戦後の復興とは、物質的な復興、人口の回復ばかりでなく、精神的・感情的な世界の復活でもある。それは、戦時中にはないがしろにされていた個人の内的世界を取り戻すことであり、雑誌メディアも、女性たちのこの欲求を察して私的な面へも注意を向けるようになっていったのである。

愛や友情、幸福といった個人的な精神世界、感情世界をテーマとした記事が『労働婦人』に掲載されるようになったのは一九五〇年代に入ってからである。こうした記事の目的は、女性読者たちの家庭内での人間関係を改善し、その上で、やはり、「理想の女性」へと近づけることにあった。ちなみに、『労働婦人』の編集委員だったヴィクトリヤ・ヴァヴィリナは、この時代の理想的な女性にあるべき特徴として、高い国民意識、道徳的な資質、人間的な品格、共感力、生への関心という要素を挙げた上で、「女性らしさ」という概念は、これらの性質すべてに、母としての善良さと繊細な感受性、優しさ、世話焼きな性格が加えられたもので、労働力も理想の女性の属性のひとつだったと後に回想している。

こうして、男性と同等の権利を得て社会で働く女性として出発した「新しいソヴィエト女性」という理想の形象は、一九五〇－六〇年代に入ると、出産や育児、家庭の円滑な切り盛り、人間関係への配慮、道徳心といった「女性らしさ」も併せ持つスーパーウーマンの体を成すようになる。さらには、多産の母という理想像も登場してくる。誌面では、国内各地で子沢山の女性が「母親勲章」や「母親英雄」の称号を授与される様子と彼女の人生の物語がヒロイックに紹介されている。

一方で、男女平等の理念のもと、さらには男性の人口不足を補うために、女性たちが多様な職業へ就労していたソ連の労働環境は、外国のコミュニストやフェミニストらに高く評価されていた。日本においても、ソ連における女性の待遇は理想的なものとしてしばしば紹介されている。実際に、ソヴィ

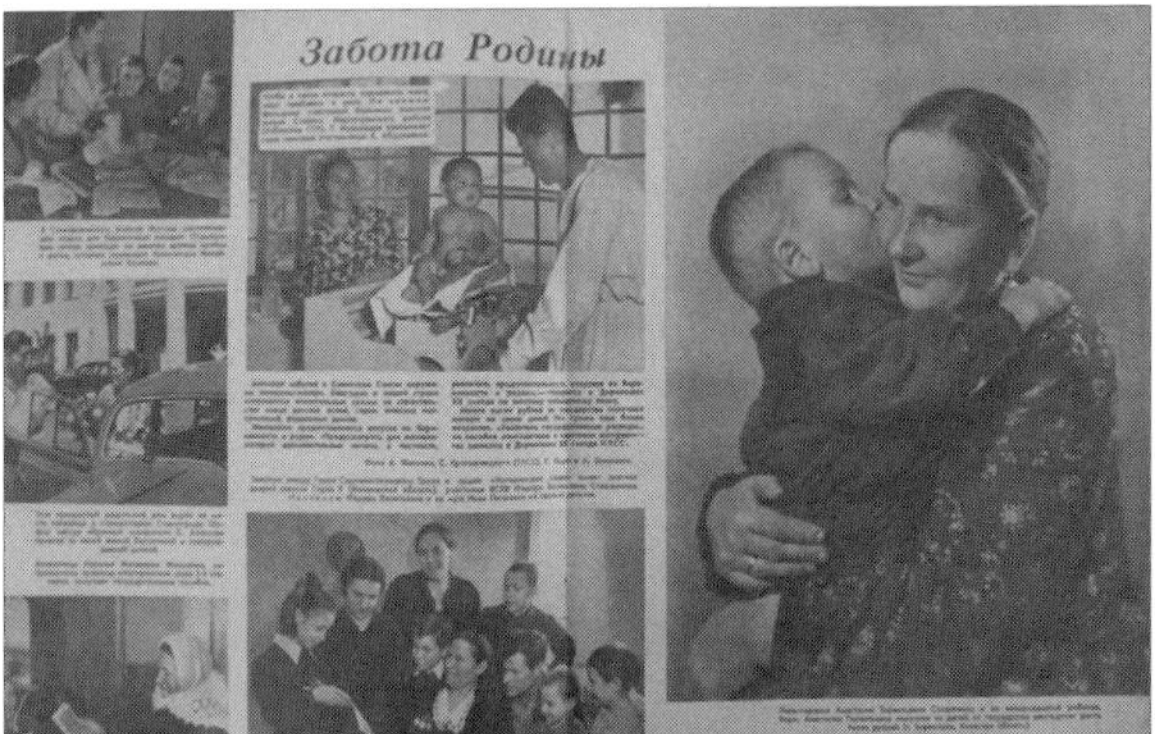

第20回党大会で子沢山の母親とシングルマザーへの手当てのさらなる増額を決定したことを伝え、夫と７人の子どもに囲まれる母スタシェンコワや14人の子どもの母ソルダチェンコを紹介する記事。(『農業婦人』1956年3号)

エト体制によって古い価値観から解放され、充実した人生を送った女性が数多くいただろうことは容易に想像できる。

一九五三年のスターリンの死から一九六〇年代半ばまでの「雪どけ」と呼ばれる時期は、女性誌にとっても平和な時代の到来だといえる。同時にこの時期は、世界的にもテクノロジーが大きく進歩した時であり、ソ連においても同様に近代的な科学技術への投資が開花した時だ。女性誌からも、宇宙開発や原子力発電、日常生活の電化の実現によって、生活レベルでの著しい変化があったことが見えてくる。一九五四年の世界初の原子力発電所の稼働に始まり、一九五七年の初のロケット打ち上げ、一九六一年のガガーリンによる有人宇宙飛行、一九六三年の女性宇宙飛行士テレシコーワの登場など、ニュースは明るいものに満ちている。

ソ連国内では一九六二年に都市人口が地方の人口を上回り、都市化とそれに伴う近代的な生活スタイルが社会で好まれるようになってくる。女性誌でも、とりわけ『労働婦人』においては、都市で暮らす女性たちの生活スタイルとメンタリティが重視され始める。

この時期、もうひとつ新たに登場したテーマに、「穏やかな老後」がある。革命から四十年以上が経ち、ソ連体制下で労働者として生き、年金生活に入った女性たちが、国家に生活を保障された平和な老後を語る記事は、六〇年代に定期的に掲載されている。モダンでスタイリッシュな都市生活を享受する娘や孫たちと穏やかな老後を保障された母や祖母の世代という三世代にわたる記述は、「はたらく母」のその後の姿として、「新しいソヴィエト女性」の未来像として、老後をも含めた人生モデルを示し始めたのである。

4　ソヴィエトのモードを創造せよ

現代でも女性誌の大きな要素となっているファッションは、ソ連の女性たちにとってももちろん最大の関心事のひとつであり、ソヴィエト時代を通して終始さまざまな試みと取り組みが行われた。社会主義体制下のファッションと聞くと、貧相で画一的なものというイメージがあるかもしれない。ソ連のプロパガンダポスターに描かれた女性たちは、頭に赤い三角巾を巻き、逞しい身体に労働者らしい服装をして力強い印象を与えるし、一方で、映画に登場する女性たちは、戦時中でもワンピースにヒールの靴を履いて美しく装っていることも多い。

国内戦後の一九二〇年代のソ連では、ソヴィエトの新しい人間のための新しい日常、生活用品、そして新しいファッションが必要だと考えられた。革命前のようにパリの流行をそのまま輸入するのではなく、ソヴィエト独自のモードを創造することが企図されたのである。革命前のロシアでは、富裕層はオーダーメイドの服を、経済的余裕のない人々は既製服を着るのが常だったが、こうした格差は革命後に一掃されるはずだった。しかし、現実には、ネップマンや党幹部の妻など特権階級にある人たちのためのオートクチュールの店はソ連にも存在し続けた。

こうした状況で、一九二〇年代には多くのファッション誌が創刊される。

革命から国内戦の困窮の時期を経てネップ期に入ると、停止していた紡績工場の稼働も再開し、一九二二年にはモスクワの中心部に中央百貨店《ツム》もオープンして、新しい体制での

『アトリエ』創刊号

モードの歴史を始める準備が整ったといえる。事実、一九二〇年代は、アヴァンギャルド芸術の隆盛もあり、一部の層にはかなり洗練された装いが見られる。女性誌の分野での代表といえるのが雑誌『アトリエ』である。一九二三年に創刊されたこの雑誌は、ソ連オリジナルのモードを創り出すという意図のもとに発刊されたもので、極めてハイセンスな内容となっている。

編集には、当時のトップクラスの芸術家やデザイナーたちが携わっていた。その中でも、この時代のデザイン界の大きな変化を体現しているのが、ロシアのココ・シャネルと呼ばれているナデージダ・ラーマノヴァだ。ラーマノヴァは帝政ロシア時代のトップデザイナーで、ペテルブルグに人気のアトリエを持ち、皇妃らのドレスも手掛けていた人物である。革命後、彼女は創作理念の大きな変化を求められ、新しい社会が必要とするデザインに取り組むように

ナデージダ・ラーマノヴァ

なる。さらに、映画や舞台衣装のデザインも手掛け、高価な素材や華美な装飾を排した、シンプルだがハイセンスのソヴィエト的な服作りへと創作の方向性を転換したのである。

『アトリエ』の編集には、他にも、彫刻家のヴェーラ・ムーヒナや画家のボリス・クストゥジエフ、クジマ・ペトロフ＝ヴォトキン、アレクサンドラ・エクストラ、さらには、詩人のアンナ・アフマートワや美術史家のニコライ・プーニンといった錚々《そうそう》たるメンバーが参加しており、なによりも芸術性が重視されている。良質の紙にカラーのイラストでま

秋物のラシャ地のスーツと毛織物のワンピース

ヴェーラ・ムーヒナのイラストによる演劇用のドレス

るで画集のように紹介される服飾デザインは、一方では高い評価を得たが、当時の経済状況や縫製業界の事情にふさわしからぬ芸術活動であるという批判もあり、雑誌は一号のみで休刊となった。

とはいえ、ソ連のオリジナルモードを創るという夢の実現への取り組みはこれ以降も継続していく。この他にも代表的なものとして、一九二六年には『女性の雑誌』が、一九二七年には季刊の『季節のモード』なども続々と創刊され、カラーのイラストページにはデ

『女性の雑誌』創刊号

『季節のモード』1928年1-2月号

ザイン性の高い服が多く掲載された。

一号のみで終わった『アトリエ』だけでなく、『女性の雑誌』も一九三〇年の一二号で、『季節のモード』も一九三四年の三号で、「思想的でない」ために休刊となり、スターリン体制に入った頃から戦時中にかけては、ファッションをめぐる言説は控えめになっていくが、一方で、二〇年代から再三掲載されていた「ハイヒールの害について」の記事は、一九三一年の『労働婦人』にも再掲されている。記事では、ハイヒールが女性の肉体に与える弊害を医学的に解説し、工場などでの労働にも適していないばかりか、子宮に負担を与え不妊症となるリスクも高く、未来の母である若い女性が履くべき靴ではないということが叱責するような口調で説かれている。同様の記事が革命後十年近く

正装のためのワンピース『モードの雑誌』(1945年3-4号)

にわたって繰り返し掲載された背景には、女性たちがハイヒールを履くことをやめようとしなかったという実情が見える。しかし、労働者としてふさわしくない「女性らしい」装いは戦時体制へと向かうにつれて姿を消していき、徐々に、軍服や作業服姿の女性たちが誌面に登場するようになっていった。

戦後のモード誌の復活は意外に早く、一九四五年の六月には『モードの雑誌』が創刊された。一九四〇年代はヨーロッパの流行を受けて、ソ連でもパフスリーブやチロル風のワンピースやブラウスが流行している。モードの世界は政治体制の如何にかかわらず、国家間の境界がもっとも希薄なジャンルだといわれる。ソ連は戦争により、ベラルーシやウクライナ、ポーランド、ベッサラビアなどの領土を手に

刺繍を施したシルクのワンピース
（『ソヴィエト女性』1945年1号）

し、ヨーロッパと国境を直接に接することになった。このことが、ソ連のモードにも大きく影響したといわれている。

戦後のモード最大の特徴は、「女性らしさ」を強調するファッションが人気を集めたことだ。理由としては、まず第一に、男性たちが戦場から帰還して日常生活が復活し、戦時中におしゃれを楽しむことができなかった女性たちが、美しく装いたいという欲求と余裕を取り戻したこと、第二に、おしゃれをすることが戦争で受けた心身の傷を癒すために効果的であったこと、そして、第三には、戦後さらに激減した男性人口のせいで、結婚できない女性たちが増え、結婚相手を得るためには男性の気を惹く必要があったことなどが挙げられる。

また、『モードの雑誌』には、装飾品や香水、毛皮などの嗜好品も掲載されているし、一九四〇年代後半には毛皮ブームも起きているが、これも戦争の副産物である。一九四三年に行われたテヘラン会談により、同盟国からソ連へ不足物資（食料・衣類）の支援が行われたのだが、この際に欧米から送られた衣類は、ソ連の人々にとっては非常に目新しいものであったという。さらには、戦争の戦利品として兵士らが持ち帰った外国の物資や見聞

郵便はがき

232-0063

切手を貼って下さい。

横浜市南区中里1—9—31—3B

群像社 読者係 行

＊お買い上げいただき誠にありがとうございます。今後の出版の参考にさせていただきますので、裏面の愛読者カードにご記入のうえ小社宛お送り下さい。お送りいただいた方にはロシア文化通信「群」の見本紙をお送りします。またご希望の本を購入申込書にご記入していただければ小社より直接お送りいたします。代金と送料（一冊240円から最大660円）は商品到着後に同封の振替用紙で郵便局からお振り込み下さい。

ホームページでも刊行案内を掲載しています。http://gunzosha.com
購入の申込みも簡単にできますのでご利用ください。

群像社　読者カード

●本書の書名（ロシア文化通信「群」の場合は号数）

●本書を何で（どこで）お知りになりましたか。

1 書店　2 新聞の読書欄　3 雑誌の読書欄　4 インターネット
5 人にすすめられて　6 小社の広告・ホームページ　7 その他

●この本（号）についてのご感想、今後のご希望（小社への連絡事項）

小社の通信、ホームページ等でご紹介させていただく場合がありますのでいずれかに○をつけてください。（掲載時には匿名に する・しない）

お名前《ふりがな》

ご住所
（郵便番号）

電話番号
（Eメール）

購入申込書

書　名	部数

によっても、ソ連に欧米のモードが流入している。

政策面では、第二次世界大戦中の一九四四年にソ連政府は、国内の衣類の規格を取り仕切る機関としてＯＤＭＯ（全ソ衣服モデルハウス）を創設した。ＯＤＭＯは全国の縫製工場で生産される衣服のデザインを一括して手掛けるようになる。さらに、ＯＤＭＯの監督下で、各共和国にデザインハウスが創設され、連邦内のデザインの統一も図っている。ＯＤＭＯは外国のデザインの物まねではなく、独自のデザインの創出をスローガンとして、ソヴィエト女性の独自性にふさわしいデザインと民族的なモチーフを活かしたバリエーションを目指していたが、結果として、どの雑誌のモード欄も似通ったデザインが掲載されるようになったことは否めない。

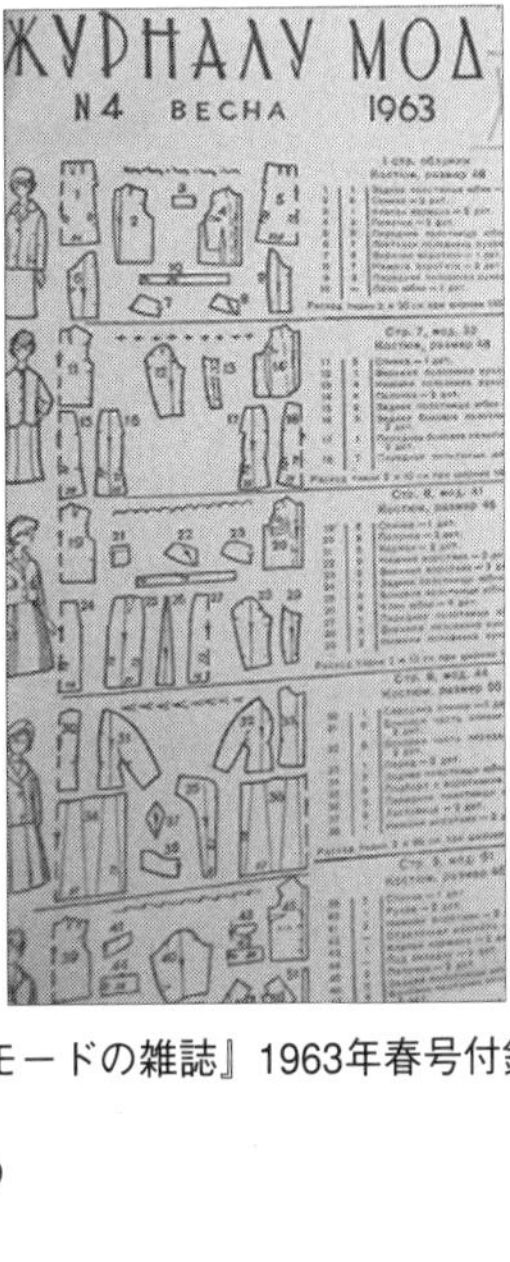

『モードの雑誌』1963年春号付録

　また、軽工業の分野では、テキスタイルの技術が発展し、多様な生地が生産されるようになっていく。しかし、その反面、衣服の生産量は需要にまったく追いついておらず、慢性の物不足と闇取引が続いている。雑誌では、追いつかない供給を補うように、女性たちに自分で必要な衣類を縫うことが推奨され、パターン図や型紙が毎号掲載されている。一枚の生地を無駄なく使用するために、親子の服を作ることのできるデザインと型紙が掲載されていることも多い。一九五三年にはモスクワの中心部に首都の豊かさの象徴として国立百貨店《グム》が開店し、大きな展示会も開催され、クリスチャン・ディオールなど西側の一流デザイナーが招かれることもあったが、一般的には西側に比べるとデザイン的にも生産的にも遅れていたといわざるを得ない。六〇年代のソ連はベビーブームの時期となり、また若者文化も開花している。科学技術の発展もあって、この時期の社会の雰囲気は明るいように感じられる。

ファッション界では、ソヴィエトのオリジナルモードを創るという夢が継続されており、一九六四年以降のブレジネフ時代、雑誌は、唯一無二のソヴィエトのモードを作るという目標に向けて、①毎年モードが変わるのは無意味である、②西欧のモードを模倣するのは注意すべきだというプロパガンダを行い、シンプルで機能的な衣服の創造を探求すべきで、過剰な装飾は排すべきだという主張を展開している。

こうした政策は、ＯＤＭＯの管理下にあっても、ソ連の女性たちの間に、女性たち自身の好みに応じた毎年の流行や、海外からのモードの輸入があったということを教えてくれる。生産される衣服はＯＤＭＯのデザインに基づいたものに限定されてはいても、一方で自分で縫うことが推奨されたこともあって、女性たちは映画などで見た海外のモードを模倣することもできたのである。雑誌に掲載されるデザインと実際の流行が一致することもあれば、しないこともある。ミニスカートを流行らせようとしたらロングのフレアスカートが流行ったという年もあり、誌面を飾る写真やイラストが現実をどれだけ反映しているのかは分からない。

一九六〇年代は世界的に女性のパンツスーツが流行した時だ。ソ連でも、女性らしいワンピースからよりクールなスタイルのスーツへと流行が移るのだが、パンツスーツはまだ登場していない。

一般的に、ソ連では女性がパンツを履くことに対する抵抗が強いといわれており、実際に、普及もかなり遅い。雑誌にはカジュアルなパンツのデザインもしばしば紹介されてはいるが、現実には、女性がパンツを着用するのは肉体労働やスポーツ、自然の中で休暇を過ごす時に限るべきだという考えが根強くあったようだ。したがって、ビジネスやタウン用の女性物のパンツはほとんど生産されておらず、女性たちはスキーウェアなどで代用していたという。雑誌や映像を通して公式に提示される豊かな都市生活のイメージと、現実の市民が日々直面している慢性的な物不足という矛盾は誌面にも垣間見ることができる。しかし、そこからは、ソ連の女性たちが、少しでもおしゃれを楽しむためにさまざまな工夫をしていたこともまた窺い知ることができるのである。

第3章　非合法のフェミニズム雑誌とソ連の現実

1　『女性とロシア』、『マリア』

ソ連がアフガニスタンに軍事侵攻を開始した一九七九年、女性誌の歴史にもうひとつの足跡が残された。サミズダート（自主出版）と呼ばれる非合法の地下出版で、ソ連史上初のフェミニズム雑誌『女性とロシア』が出されたのである。続く一九八〇年にはもうひとつの非合法フェミニズム雑誌『マリア』が出た。ソ連時代後期に起きたフェミニズム運動は、この二誌に体現されているといっていい。

しかし、『女性とロシア』と『マリア』の活動期間は、わずかであった。出版活動は反体制的行為とみなされ、当局による弾圧の対象となったのである。『女性とロシア』第一号が準備されていた際に、すでにその活動はKGB（ソ連の公安組織）の知るところとなり、出版を辞めるよう警告されていたという。編集に関わった女性たちは執拗な脅迫を受けたというが、それでも一号は一九七九年十二月十日にレニングラードで印刷されたのである。

『女性とロシア』に携わったのは、画家のタチヤーナ・マモーノヴァ、詩人のユーリヤ・ヴォズネセンスカヤ、画家で作家でもあるナターリヤ・マラホフスカヤ、宗教哲学者のタチヤーナ・ゴーリチェヴァらである。雑誌の出版に先立って彼女たちは女性クラブ「マリア」を組織し、ここで女性たちの生活での苦労や収容所体験を聞き取っている。記事はこの聞き取りを元に編集人たちが執筆を行ったものだ。

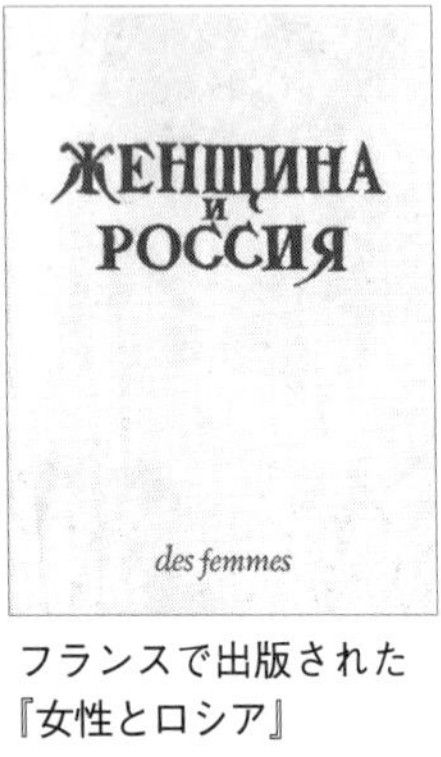

フランスで出版された『女性とロシア』

この雑誌には「女性のための女性についての文芸作品集」という副題がついている。編集人たちはいずれも詩人や作家など芸術や思想に関わる女性たちであり、女性にも芸術的才能があることを示したかったのだという。雑誌の中のイラストはマモーノヴァによるもので、ヴォズネセンスカヤや詩人のエレーナ・シュワルツの詩も掲載されている。

しかし、文芸作品集の形式をとりながらも『女性とロシア』が訴えているのは、ソ連社会における女性たちの過酷な現状だ。都市部の劣悪な住宅事情、女子収容所での壮絶な体験、妊娠や出産・中絶手術の際に受ける侮蔑的な処遇、ソ連には存在しないはずの売春婦の実態、保育園の劣悪な環境などが実体験により綴られている。さらに、監獄に収容された女性たちの間に男性不信から女性同士の愛が芽生え、それを周りの女性たちが温かく見守り、看守にばれぬようかばっていたエピソードなど、ソ連時代には稀有なレズビアン的な関係の記述もあり、公式の言説にはないもうひとつの現実を知ることができる。

ここに掲載されたものはいずれも、公式の文学作品やメディアでは取り上げられなかった一般の女性たちの私的な生活の証言である。この地下雑誌は、当時のソ連国内ではほとんど読まれることはなかったと考えていい。しかし、国外へと持ち出され、タミズダート（国外出版）として、まずはフランスで出版され、世界中に広がっていった。雑誌はソ連の女性たちの窮状を西側諸国へ知らせる契機となり、外国の人権保護団体や活動家らによる収容所の女性たちの支援がこれを機に始まったが、発行は一号のみで終了した。

一九八〇年、『女性とロシア』の編集メンバーの中から敬虔な正教徒であるゴーリチェヴァやマラホフスカヤ、ヴォズネセンスカヤらが離脱し、正教思想に基づいたフェミニズム雑誌『マリア』を創った。この雑誌は、神の意思に基づいて女性は女性らしく生きるべきであることを訴えたものである。『マリア』は一九八二年までに三号がドイツとフランスで出版されている。

ほぼ同じ編集メンバーによるものでありながら、『女性とロシア』が文芸作品集として出されたのに対し、『マリア』は、参加者らが共有するフェミニズム的な見解を前面に打ち出したものとなっている。『女性とロシア』では見られなかった「フェミニズム」という語が、『マリア』では幾度も用いられている。

『マリア』第一号の冒頭には、「ロシアの女性たちへ」というアピール文が置かれ、「ロシアの女性たちは相も変わらず男奴隷の女奴隷のまま」であり、「女性の首に回された縄は、男性の首に掛けられたものよりも倍はきつく締められている」と記されている。しかし、ここから彼女たちが展開する女性の解放とは、女性たちの最大の武器は「愛」であり、神が女性に与えた能力とは、愛すること、そして愛のために犠牲となることであるという、

ドイツで出版された
『マリア』1号

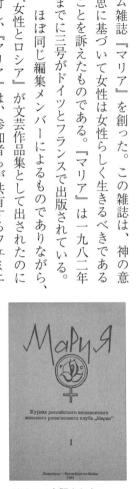

欧米のフェミニズムからすれば異例な主張である。

ロシアには今こそ新しい女性が誕生すべきだ——自由で自立してはいるが、その自由をそばにいる者の害になるように使うのではなく、創造的な情熱の発露へと変える女性、自身の高尚な課題を悟る前に立ち上がり、時代の痛みを自分自身の痛みとして認識し、他人の苦しみを自分の運命とすることのできる女性が。

「新しい女性」という表現は、革命前後にロシアの元祖女性解放運動家であるアレクサンドラ・コロンタイやナデージダ・クループスカヤらが帝政下における女性の解放を目指した際に、男性と平等の自由と権利を有し、家庭に閉じ込められることなく社会で活躍する女性たちを意味する言葉として使ったものだ。十九世紀末から二十世紀初頭にかけての女性解放運動は、革命を通して実現されたとみなされたが、二十世紀後半のフェミニズム運動は（規模は小さいが）まったく異なる「新しい女性」の生き方を目指そうというのである。

先行する『女性とロシア』の出版を提案したマモーノヴァは『マリア』には参加してい

ない。彼女はいわゆる欧米型のフェミニストであり、西側のフェミニズム理論にも精通していた。したがって、他のメンバーたちの正教信仰やそれに基づくフェミニズム運動の主張に理解を示さなかった（とはいえ、仲間割れをしたわけではなく、互いの運動を応援し合いながら袂《たもと》を分かっている。マモーノヴァはフェミニズム運動の発展がやがて仲間たちを信仰から引き離すことになろうと期待していたようだが、そうはならなかった）。

メンバーたちの多くは、一九七九年の『女性とロシア』出版の時点では、「フェミニズム」という言葉すら知らなかったと言っている。自分たちの活動が西側で「フェミニズム」と呼ばれるものに等しいことを、マモーノヴァを通して知ったのだという。しかし、こうして出会った欧米のフェミニズム理論は、『マリア』誌上で、特殊な状況にあるロシアの女性たちには適用できないことが宣言されるのである。

女に生まれるのではない、女になるのだ――これは我々の社会ではありえぬほどに難しい、なぜなら――男の社会ではなく女の社会だからだ。両性具有の社会なのだ。
人類全体にゆきわたるひずみは、精神だけでなく生理的にも壊れた不妊の人造人間《ホムンクルス》を創り出した。神経症患者にして永遠の胎児は、結局のところ充分に成熟することなく、性を獲得することができないのである。（一〇頁）

さらに、ソ連社会とは「ある種の似非《えせ》家父長的なアンチユートピアだ、なぜなら、これは社会などではなく、巨大なひとつの台所だからだ」と、レーニンが革命の際に掲げた「料理女が国家を治め始めたのだ」という象徴的なセリフを揶揄しつつ否定していく。『マリア』の主張するロシア・フェミニズムの理念の核は、正教徒としての信仰に依拠し、女性を神の定めた役割＝母として愛の実践に生きる者とすることにある。それゆえ、信仰を認めず、女性を機械的な労働者とするソ連体制を否定し、民主化を求めたのである。こうした主張は、一九八〇年代にあっては、遅れた思想と捉えられ、西側のフェミニストらが一笑に付すという場面もあった。

『女性とロシア』、『マリア』に携わった女性たちは全員逮捕され、国外追放となり、その活動はわずか数年で終わったが、それでも、この二誌の出版活動は、一九三〇年をもって解決済みとされ、その後、半世紀のあいだ表に現れることのなかった女性の自由を求める声が再燃した歴史的事象である。それはまた、社会主義政権下でソ連社会が実践を試みた「男女平等」、「女性解放」がたどりついたひとつの結果でもある。

欧米のフェミニズム運動や理論の逆をゆくようなソ連の女性たちのメッセージは、女性の真の解放とは何かという問いを新たに投げかけてくれる。ソ連崩壊直後の一九九二年には『女性の読書』、一九九三年には『変容』という新たなフェミニズム雑誌も公式に創刊されたが、ロシアでのフェミニズムに対する関心はおしなべて低く、いずれも短命だった。しかし、昨今、ソ連時代のメディア研究が進むなかで、『女性とロシア』と『マリア』への注目度も増し、一部はインターネット上のアーカイヴでも閲覧できるようになっている。

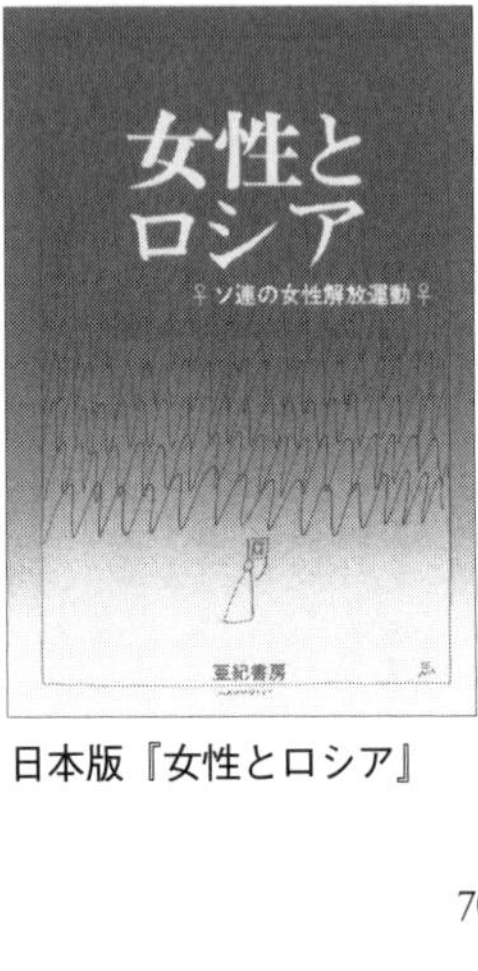

日本版『女性とロシア』

日本では、『女性とロシア――ソ連の女性解放運動』という書名で、一九八二年に邦訳が出版されているが（T・マモーノヴァ、Yu・ヴォズネセンスカヤ、片岡みい子編、亜紀書房）、この書籍は、オリジナルの『女性とロシア』第一号、未刊に終わった第二号用の草稿、

『マリア』やドイツで発行されている亡命ロシア人の雑誌『ポセーフ』、アメリカのフェミニズム雑誌『Ms.』、フランスの雑誌『プロシュ・エ・ロワンテーヌ』の記事、さらに、日本語版出版に際してヴォズネセンスカヤらから特別に寄稿された小論や、オーガナイザーである正垣親一氏が亡命先や追放先を訪ねてロシア人女性たちに行ったインタビューに加え、日本語版のために作成された「女性人権活動家リスト」（当時収監中だった女性活動家十四人のプロフィールと収容先のデータ）から成るダイジェスト版となっており、ここでしか読むことのできない記事もある貴重な一冊となっている。

2　疲弊する女性たちとソ連の現実

地下で女性たちが声を挙げたちょうどそのとき、『労働婦人』と『農業婦人』においても、女性の過重負担をめぐるアピールが展開されていた。この時期、女性誌においては、公式／非公式の出版活動の双方で、ソ連の女性たちを重労働から解放せよという一致した言説が見られるのである。

一九七〇年代後半から、ソ連の女性誌では、女性に不向きな職業、女性の健康を害し危険の伴う職種の紹介が始まっている。「女性の労働・日常生活・休暇の環境——全ソ的監視は続いている」と名づけられたコーナーが始まり、毎回、具体的な職業を挙げ、夜勤の多さも含め、女性たちの労働条件をチェックし改善を求めている。例えば、『労働婦人』一九七九年五号では、「未来の母親と軽労働、健全な職場について」というテーマで、軽労働とみなされる紡績工場ではたらく妊婦たちの負担は、果たして本当に軽いものなのか」という問いが立てられ、医師らの意見を引きながら、多くの妊婦らが体調不良を訴えながら臨月まで工場ではたらいていることに対し苦言が呈されている。また、一一号では、鉱坑測量師のナデージダ・クリヴォシェエヴァという女性の写真が掲載され、計

НЕЖЕНСКАЯ РАБОТА

КОЖЕМЯКИ

РЕЗИНОВЫЕ ЛЮДИ

「女の仕事じゃない」シリーズ
第6回：女性製皮工
（『労働婦人』1989年12号）

三〇キロの装備をつけて彼女が日々作業を行っていることが語られている。

ソ連では、一九三二年に女性が就労すべきでない職種のリストが公式に作成されていたのだが、『労働婦人』編集部はこのリストを再検討し、編集部で新たに四六〇種の職種を追加した。そこには、炭鉱や重化学工場での機械操作などが挙げられている。『農業婦人』においても、同じ問題について誌上討論会が開催され、「女性の手と畑」というタイトルで紹介されている。

ここで指摘された問題は、なによりもまず、ソ連社会においては、当初予定されていた工業・農業分野の機械化が充分に進んでおらず、多くの作業工程が女性たちの手仕事となっているという点だ。したがって、仕事と家庭の二重の負担は女性たちにとって過剰なものとなっており、そうした状況で、「はたらく女性」、「賢く教養があり目的意識があり、外見の美しさと精神の美がひとつに調和した妻」、「科学的な世界観と広い視野を持つ母親」という求められているソヴィエトの標準的女性像に近づくことなど困難だと結論づけられている。

ソ連では第二次世界大戦後も農業生産率が上がらず、一九二〇年代と同レベルにとどまっている。食糧不足は恒常的な問題となっており、早急な農業改革が求められていた。そのため、党は一九五三年に、新たな農業プログラムを打ち出している。そこで当面の課題とされたのは、農業生産物の買い取り価格の引き上げ、農業用機械製造への投資拡大、未開拓地や休耕地の開拓である。コルホーズ（集団農場）やソフホーズ（国営農場）における女性たちの役割は非常に大きなものであったため、この農業政策の普及には女性誌が利用された。とりわけ、『農業婦人』には、「未開拓地の女性たちへの言葉」、「農学者らが語る」といったコーナーが開設され、農業に従事する女性たちの意識の向上を促そうとしている。

さらに、ソ連社会の経済不安の予兆がすでに一九六〇年代からあったことも雑誌を見ていると分かる。国家の経済状況は国民の生活にも響いていたようで、家計を握る女性たちにとっては実感を伴った問題となっていたのではないだろうか。『農業婦人』は、一九六〇年代には、「やりくりを集中して行う」、一九七〇年代には、「経済知識講座」、「効率と質の管理」といったコーナーを立ち上げている。一九八〇年代に入ると、「計画したことをやり遂げよう！」「やりくりは経済的に、出費は用心深く」というスローガン的なコーナーも現われ、それまでには見られなかった個々の家計での節約を呼びかけている。

こうした社会情勢の中で、一九七〇年代終わり頃になると、ソ連の女性をめぐる未解決の問題がクローズアップされるようになる。メディアに許された領分は限られてはいるが、それでも当時の女性たちが直面する問題の核心を知るには十分な誌面が割かれている。この頃の号を眺めていると、こうした社会の負の部分をソ連の公式雑誌が取り上げてもよかったのかと疑問を抱くほどに切迫した女性たちの状況が記録されている。

背景には、女性の貧困や売春、中絶、病気といった現実もあるのだが、女性誌がとりわけ声を大にして口を揃えて訴えたのは、女性たちの労働の過剰負担についてである。職場での勤務だけでなく、妻として母としての家庭での義務もあり、肉体的な負担があまりにも重すぎて精神的にも好ましい状況ではないことが主張されている。個人的な問題を社会的な問題とひとつにするという戦後のスローガンはすでに誌面から消え、「個人的なことと社会的なことをしっかりとひとつにできた女性などどうやっても見つけ出すのは難しい。そのために、大部分の女性たちは、個人の幸福を奪われているのだ」(『労働婦人』一九七九年八号) と明言されるに至ったのである。

一九八〇年代半ばのペレストロイカ（建て直し）期に入ってもなお、『労働婦人』や『農業婦人』においては、女性を夜勤や長時間労働、あるいは、機械組立や炭鉱労働から解放せよという声高な訴えが続き、長年続いてきた「ソヴィエト女性」のイデオロギー的な理想像は見られなくなった。

　新たに提示された女性のタイプは、①伝統的な女性の役割を拒否して仕事に打ち込む女性、②仕事と家庭を両立しようとして家庭を壊し精神的に追い込まれる女性、③仕事をしてはいるが家庭に専念したいと思っている女性、の三つであり、いずれも現実を反映したものである。『労働婦人』一九八五年五号には、「停滞の時代とその後の女性」という小論が掲載され、「個人の志向

ОТКРЫТАЯ ТРИБУНА

Идеалы и интересы

ЖЕНЩИНА

В ЭПОХУ ЗАСТОЯ И ПОСЛЕ

「停滞の時代とその後の女性」
（『労働婦人』1985年5号）

を持つかなり自由で現代的な女性」という新しいタイプの女性たちが現れていることがはっきりと述べられている。また、ソ連の女性たちを「英雄的で偉大な労働を成し遂げることを使命とし、子どもの生産にも有用な子袋兼背負い袋を持つ存在」と皮肉に表現し、党が掲げてきた理想の女性像の非現実的な結果として、実際に起きた元夫による元妻の殺害事件を掲載している。ここでは、住宅事情の悪いソ連で、離婚後も同居せざるをえなかった元夫婦の間に生じた憎悪と殺意の要因が、個人ではなく社会にあることが示唆されている（『労働婦人』一九九〇年七号）。同号には、「休ませて」と題された写真ページもあり、勉強や仕事、子育ての合間に居眠りをする疲弊した女性たちの姿が写されている。

　女性たちの過剰負担を指摘するコーナーはソ連崩壊まで継続して掲載されてい

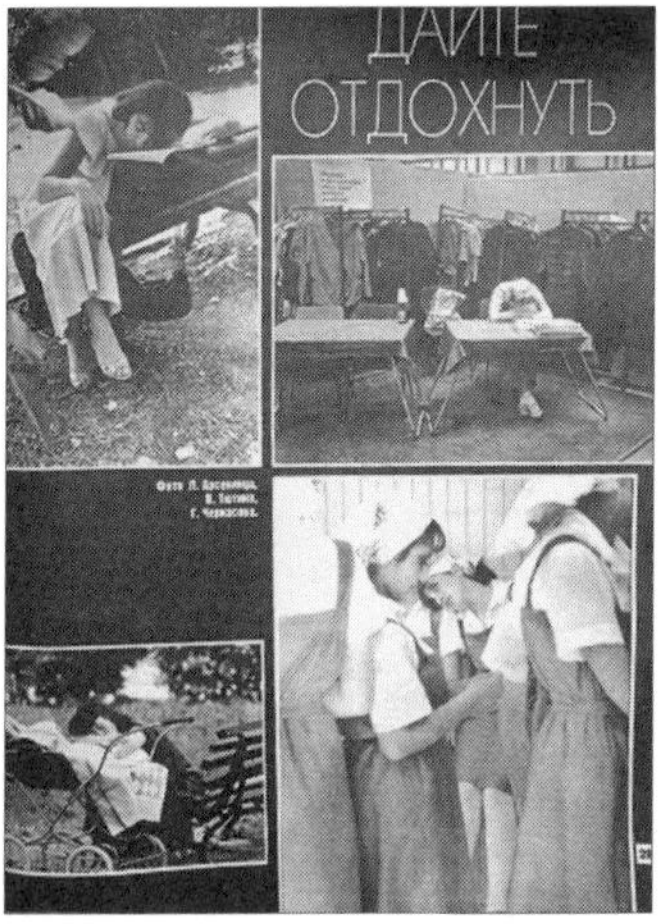

「休ませて」（『労働婦人』1990年7号）

「職業は浮浪者」（『労働婦人』1989年4号）

「失業者になりたくない！」
（『労働婦人』1989年7号）

るが、一九八〇年末にはすでに、「解放されたソヴィエト女性」という神話は完全に潰えたと見ることができる。『労働婦人』にも、「女性を大切にして！」、「職業は浮浪者」、「失業者になりたくない！」といった記事が毎号掲載されるようになる。

「失業者になりたくない」は、読者から編集部に寄せられた手紙の中のメッセージで、彼女はもう数カ月間も仕事に就けず、二人の子どもを抱えているが夫の収入も少ないため絶対に失業したくないという切実な訴えが綴られている。また、都市部では女性たちの孤独も大きな悩みのひとつとなっていたようだ。

一九八五年から、企業の独立採算制と運転資金の自己調達制が導入されたために、採算の取れない工場の閉鎖が相次ぎ、国内には失業者が増えていった。『農業婦人』は一九八六年以降、求人欄を掲載しており、都市部の工場で失業した人々をソフホーズやコルホーズで再雇用することで、仕事のない働き手と人手不足の農業地域を相互に助け、農村の復興と失業率の低下につなげようと努めたようだが、その成果は確認できぬまま、ソ連体制の破綻へと進んでいったのである。

このように、一九八〇年代以降の『労働婦人』や『農業婦人』に登場するおもな女性像は、女性たちが目指すべき理想として上から与えられたものではなく、生活と仕事に追われる中で、ソ連の女性たちがたどり着いた現実の姿である。女性誌は、国家全体に共通する理想の女性像を描くことをやめ、読者とともに実現可能な女性の生き方を追求することへと舵を切った。

それにしても、この時期の公式の雑誌が発する声は非常に印象的である。第一に、雑誌は女性たちに向けて発信されているのだが、この時期のメッセージは読者の声を代弁するような論調の記事が多い。第二に、西側のフェミニズム運動が、女性が男性と同等の権利を得て社会で活躍できるよう求めて闘っていた同時期に、ソ連では、逆の運動、つまり、女性たちの労働量を軽減し、男性と同等の労働力とみなすことをやめよという訴えが為されていることが、女性誌から見えてくるのである。

女性たちの窮状を受けて、一九八九年にソ連最高会議は、「女性の状況改善、母子の保護と家族の強化に関する緊急措置」の決議を採択したが、女性たちの精神状態はかなり悪化しており、一九九〇年十一月号に掲載された『労働婦人』編集部の調査によれば、ソ連

ЖЕНЩИНЫ
О САМИХ СЕБЕ

「自分自身について」10の共和国の2667人の女性たちへの社会学的アンケート結果
（『労働婦人』1990年11月号）

の女性たちの四〇パーセントが自信喪失と失望の感情が強いと答えている。誌面には、女性と家庭の状況を改善するための方策が提案されている。それは、①国家による具体的な支援、②女性の労働を軽減し家庭に戻すこと、③民間の女性支援団体の創設、④社会の平和的な発展などである。しかし、経済状況のさらなる悪化により国家による支援策は実行されることはなかった。

3　女性誌のペレストロイカ

同じ時期に、まさに、ソ連の出版界のペレストロイカとも呼べる、新しい時代の到来を象徴する女性誌が登場する。『ブルダ・モダン』である。『ブルダ・モダン』は、一九八七年にソ連で初めて出版された西側の女性誌である。出版を取りもったのは、当時のソ連共産党中央委員会書記長ミハイル・ゴルバチョフの妻、ライサ・ゴルバチョヴァだった。彼女は、この雑誌がソ連の女性たちの民主化に役立つと考えたのである。この雑誌は、ソ連の出版業界で初めての外国資本による出版物として、ソ連貿易省と独ソの合弁企業アンナ・ブルダ社とフェロスタール社の共同事業として創刊された。この雑誌の登場によって、ソ連の女性たちは、ヨーロッパの最新ファッションに出会うことになる。

『ブルダ・モダン』は、ドイツのアンナ・ブルダが一九五〇年に始めたモード誌で、手芸や洋裁のデザインが載った専門誌である。ブルダのデザインは、少し前から『労働婦人』や『農業婦人』の誌上でも少しずつ紹介され始めてはいた。

デザインに多様性のない国産のファッションに比べ、『ブルダ・モダン』が紹介する多彩なデザインは、ソ連の女性たちにとって、目新しい洗練されたものであったと同時に、製図の正確さと型紙の使い易さでたちまち大人気となった。質の良い写真とイラストで構成されたこの雑誌がソ連の女性たちに教えたのは、慢性的な不足を補うことだけでなく、

『ブルダ・モダン』創刊号

美しく暮らすということ、そして、美しい生活は自分の手で作り出すものだということだ。『ブルダ・モダン』は多くの国で出版されていたが、これほど人気を得た国は他にないのではないだろうか。

ページを開くと最新のファッションに身を包んだモデルたちが次々と現れ、雑誌の後ろには詳細な図面が掲載されている。紹介した服に合うバッグやアクセサリーなどを紹介す

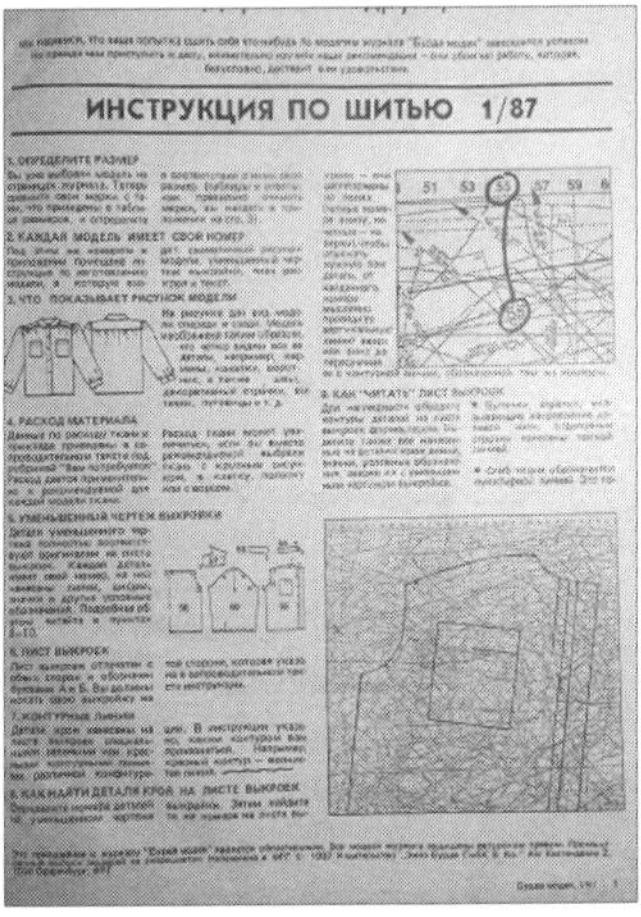

フロックコート風の女性用コート（『ブルダ・モダン』1986年1号）と服の作り方の説明ページ

るページ、ヘアアレンジやメイクのアドバイス、そして料理のページもあり、裁縫をせずとも見ているだけでも楽しめる構成になっている。あらゆる年齢層に対応するファッションが紹介され、若い女性向けのワンピースやジャケット、コート、スカート、パンツ、プルオーバー、そして子供服に鞄と、毎号五十種類近くのデザイン服を付録の型紙から作ることができるようになっている。

ソ連の女性誌の歴史を振り返ると、「新しいソヴィエト女性」の誕生を目指した誌面は、その後の理想と現実の乖離にもがきながらも、現状打破を試みて経済改革や節約キャンペーン、女性の精神性やモラルの問題を問う時代に移り、ドイツの洋裁雑誌『ブルダ・モダン』の登場をもってひとつの時代を終えた感がある。『労働婦人』や『農業婦人』が牽引したソヴィエト的な女性誌の時代は去り、新しい時代、価値観の大転換の時が再び到来することを女性誌の世界はいち早く体現していた。まもなくソ連時代が終わりを告げることになる。

終章　新生ロシアの女性たち

一九九一年末のソ連邦崩壊を受け、それまでの社会主義体制から資本主義経済へと舵を切って混乱を極めていた新生ロシアにおいて、女性誌のような大衆的なメディアが生き残るためにどれほどの努力を強いられるかは想像にかたくない。

そもそも、ソ連崩壊以前から、経済状況や政治不信の煽りを受けて、雑誌のポリシーも変更されつつあったことは見てきた通りだ。

そうした混乱の時代に、新しいロシアの女性誌業界に参入してきたのは海外の出版社だった。『ブルダ・モダン』を出版するドイツの出版コンツェルン、ヒューバード・ブルダ・メディア社は現在、多くの雑誌を手掛け、ロシアの雑誌出版の大御所となっている。また、アメリカを拠点とし世界中で出版を手掛けているコンデスト社は、『グラマー（Glamour）』（二〇〇五年）や『ヴォーグ（VOGUE）』（一九九八年）といった高級誌のロシア版を手掛けている。また、『コスモポリタン（Cosmopolitan）』（一九九四年）や『家庭』（一九九五年）を出しているインディペンデント・サノマ・メディア社や『エル（ELLE）』（一九九六年）、『マリ・クレール（marie claire）』（一九九七年）を出すハースト・シクリョフ・メディア社なども、経済システムの大転換にうまく切り込んで、新たな雑誌出版の時代を築いたといえる。いずれの雑誌も美しい写真と上質紙を用いたグラビア誌で、ハリウッド女優やスーパーモデルが表紙を飾るブランド誌でもある。こうしたグラビア誌は、その紙質からロシア語で「グリャンツェヴイ（光沢のある）」雑誌と呼ばれた。

これらの雑誌がターゲットとした読者はロシアの「新しい女性」たちである。新生ロシアには、いち早く新しい経済システムを把握し新興財閥となった富裕層が生まれていた。高級感に満ちた新しい雑誌は、ヨーロッパの高級ブランドの潜在的な顧客として資本主義社会のエリート層となる女性たちへ、新たな価値観と新たな生活スタイルを提示したのである。

ソ連時代の出版物に慣れていたロシアの人々にとって、こうした海外発のグラビア誌がどれほどのインパクトを与えたのかは分からないが、かなり強いものであったことは想像できる。セックスのテーマで知られる『コスモポリタン』は、他の雑誌に先駆けて登場し、ロシアの女性たちに「性に素直であれ」というメッセージを発した。続く『エル』もセレブ向けの高級路線を目指し、都市部のキャリアウーマンたちをターゲットに世界の最新モードを発信した。ソ連時代の政治的なスローガンに替わって女性たちを煽るのは、「飾りのない人生なんて」、「アクセサリーのない服なんて、ケーキのないパーティ」といった広

『Cosmopolitan』1994年創刊号

『Elle』2014年11月号

告コピーである。「モード」という語が持つ「流行のファッション」というこれまでの概念を女性の生き方そのものを指すイメージに変えていった。ライフスタイルそのものを高級にするというコンセプトもまた、資本主義的に未開拓であったロシアのマーケットに向けられたものである。

『マリ・クレール』、『ヴォーグ』も、同じくハイブランド誌であるが、いずれも「知的なビジネスウーマン」を売りにして登場した。『マリ・クレール』は、経済的に自立し、自分のためにお金を使う女性、自身の思想が反映されている品位と個性の融合した着こなしをする女性を視野に入れている。『ヴォーグ』は、二〇〇六年十二月三日のニューヨーク・タイムズ紙で批評家のキャロライン・ウェーバーが「世界でもっとも影響力のあるファッション雑誌」と述べたように、女性たちに向けて「ライフデザイン」というコンセプ

『marie claire』2014年11月号

トを提案し、ハイセンスな生き方を模索する女性誌のリーダー格となっている。ロシア版の創刊から二〇一〇年まで編集長を務めたアリョーナ・ドレーツカヤは、モスクワ大学の准博士号を持ち、フォークナーやブラッドベリの翻訳も手がけた人物なのだが、欧米の『ヴォーグ』のコピーにはしたくない、ロシア語だというだけではなく、ロシアの精神性と知性で雑誌を作りたいと考えたという。そのため、編集協力者として、モデルのタチヤーナ・ソロッコ、作家のヴィクトル・ペレーヴィン、リュドミラ・ウリツカヤ、批評家のアンドレイ・プラーホフらを招き、知的で良質な女性の生き方とロシアの精神性を融合したオリジナリティの高い雑誌を目指している。

一方で、エリート層ではない「普通の女性たち」向けの雑誌も新たに創刊されていく。

『Vogue』2017年3月号

ソ連時代後期に、『労働婦人』や『農業婦人』、そして、地下で出版された『女性とロシア』や『マリア』誌上で、女性たちは工場労働のために存在するのではない、母となり家庭を守ることこそが女性本来の役割なのだという主張が行われた。こうした「保守的な」女性観はロシアには常に根強くある。それは、社会主義体制崩壊後に家庭を重視する女性たちの大きな層となっていく。家庭を大切にするロシアの「普通の女性」たちのための雑誌は、海外からでなく、国内のオリジナル誌として一九九五年以降創刊されていった。

『リーザ』2015年17号

その代表格として、現在ロシアで七五万部と、もっとも発行部数の多い女性誌が『リーザ』である。ソ連崩壊後の雑誌創刊ブームの初期、一九九五年十二月に創刊され、当初は隔週刊だったのだが、瞬く間に人気を得て週刊となり、現在、人気雑誌として揺るぎない地位を得ている。その世界観は、外国の雑誌のようなハイレベルな世界ではなく、二十－三十歳代の平均的な若い女性たち、ロシアに暮らす普通の若い女性たちが手を伸ばせば届くモード、今日から自宅でできる美容のアドバイス（例えばロシアの冬の寒さから肌を護るためには外出前にオリーブオイルを数滴たらした乳液をつけるといいとか、小豆を使った手作り石鹸のレシピなど、髪や肌の乾燥を防ぐための知恵が多い）、より良い生活のための実現可能なアイデアに満ちている。

『リーザ』の魅力はなによりもまず「なんでも載っている」ことだ。ファッション、コスメティック、健康、料理、インテリア、旅行、恋愛、

家庭と仕事をどう両立させるか？（『リーザ』2016年12号）

占い、著名人のインタビューと、毎号多彩なコンテンツを含んでいる。また、読者の悩みに答えるページの充実度も高く、女性たちにとっては「リーザ」という名前の頼りになる賢い女友だちなのである。読者の心理的なケアは、現在、どの女性誌でも大きなウエイトを占めている。女性として、母として、はたらく者として、かつてのように、いかにあるべきかではなく、弱くてもナーバスでもいい、自分自身がより楽になるような心の持ち方をしようと、専門の心理カウンセラーらがやさしくアドバイスしてくれるページが多い。日本の女性誌にも必ず見られるこうしたコーナーは、資本主義とともにロシアの女性誌にも登場した。ソ連時代には子どもに重きが置かれていた心理学の対象は、出版物においては、成人女性の心のケアへと広がったようだ。女性誌だけでなく現在のロシアの書店に女性向けの心理学の棚が必ず大きな場所を占めていることからもこのことがよく分かる。

ハイティーンから三十歳代をターゲットとした『リーザ』よりも少し上の世代の女性たちを対象に一九九五年に創刊されたのが『家庭』である。この雑誌は、一八八五年にアメリカで創刊された老舗家庭実用誌『グッド・ハウスキーピング』のロシア版である。ロシアでの誌名はロシア語で「家庭」（直訳では「家のかまど」）を意味する「ドマーシヌィ・オチャーク」が採用された。主婦として、妻として、母として個人の幸せを大切にしたいという女性たちの生活を後押しするために、家庭用品の実用性やコストパフォーマンスの評価、主婦が関心を持つ家庭内での諸問題を取り上げ、料理や家族の世話、健康といった生活に直接役立つ情報を提供している人気雑誌である。昨今の不安定な経済状況のなかにあっても売り上げを伸ばし続けている稀有な雑誌のひとつである。

『家庭』は、「私たちは、伝統的な価値観をもつ現代女性の心を動かすような、現実的で具体的な問題、つまり、家のこと、家族のこと、子どもたちのことを書いていきます」と、みずからのコンセプトを述べ、「人生でいちばん大切なものは家族」という価値観を前面に押し出している。しかし、忘れてはならないのは、ロシアの家庭では多くが共働きであり、「普通の主婦たち」

『家庭』2017年4月号

は仕事も持っているということだ。したがって、この雑誌の読者としては、仕事も大切だけれど、家庭も同じだけ大事にするという女性がイメージされているのである。

同じような主婦向け雑誌としては、『家庭』と同じ年に創刊された『良き助言』がある。この雑誌も、女性としての魅力を保つ秘訣や居心地の良い家庭と良い人間関係をキープするためのアドバイスを提供するという主旨で発行されている。

そして、ソ連崩壊を生き抜いた『労働婦人』と『農業婦人』も、一九九一年以降は政治色を完全に排し、こうした「保守的な」主婦向け雑誌のクラシックとして、美しい妻として、優しい母として、快適な家庭を作る知恵をロシアの女性たちに発信し始めた。

公式に発表されている最近の発行部数は、『労働婦人』も『農業婦人』（二〇一五年十二月

『良き助言』2017年2月号

号をもって休刊）も十五万部となっているが、読者のほとんどは定期購読者のようで、書店や通りの売店の店頭で見かけることはあまりない。女性たちへの政治的プロパガンダの役割を担ってきたこの二誌が、ソ連後期の混乱の時期に、女性たちの声を拾い上げる役割へと方向転換し、現在の社会へと適応して読者とともに生きることを選択したことは、女性たちのための大衆的メディアとして当然の選択であったと理解することもできる。

『労働婦人』2014年1号

『農業婦人』最終号（2015年12月）

結びにかえて

現在、ロシアでは、多くの雑誌を最新号も含めインターネット上で、しかも、合法的に無料で閲覧することができる。紙媒体の雑誌の売り上げに影響はないのかという疑問が湧くが、広告収入に負うところが多い雑誌作りでは、電子版へのアクセス数も強みになるようだ。また、ソ連崩壊後に新生ロシアの雑誌メディアを引き受けた企業の多くが、多角的なメディアカンパニーであったこと、雑誌業界にとっての新たな時代の始まりが、インターネットの普及が急速化する一九九〇年代という時代に重なったことも、紙媒体と電子版の葛藤という他国の出版文化を悩ませる大きな問題を軽減しているのかもしれない。さらに、広大なロシアでは、都市部を離れるとインターネットへの接続が不安定になることもまだ多く、遠出するときは必ず紙媒体の雑誌を買うという声もある。

現在の女性誌の世界は、正教徒の女性向けの雑誌（『スラヴャンカ』）や秘書として働く女性たちの専門誌（『良い秘書』）、国境警備隊の妻や女性隊員のための雑誌（『ヤロスラヴナ』）、あるいは、レズビアン向けの雑誌（『島』）など、まさに読者の生き方に応じた多様化を見せている。新しい雑誌の登場は、それを必要とする女性たちの層がロシア語圏に存在することを意味しており、それらの層に共通する価値観を知る貴重な情報源でもある。周辺のロシア語圏へと視野を拡大すれば、カフカースや中央アジアなど地域性や民族性に基づいた女性誌も数多く存在する。政治的な面ばかりがクローズアップされがちな旧ソ連圏だが、そこに暮らす女性たちの日常や社会とのかかわり方を知ることは、これまで欠けていたもうひとつの視点を与えてくれるとともに、女性たちの文化的なポテンシャルの高さを改めて教えてくれる。

本書で紹介した雑誌は、歴史の中のごく一部に過ぎない。しかし、とりわけ、雑誌というメディアが大きく発展した二十世紀のソ連時代を通して、地域性や伝統によらない、国家の望む「女性」の表象が生成され、そして変化していく過程を観察していくと、プロパガンダの網の目をくぐり抜けて、大きな歴史の隙間に生きた女性たちの生が記録されていることに気付かされるのである。

＊（　）内は創刊年

【雑誌名一覧】

『毎月のモード、あるいは婦人化粧室のための図書』Модное ежемесячное издание, или Библиотека для дамского туалета（一七七九）

『銅板エッチングとカラーのイラストで分かりやすく詳細に描かれた英国・フランス・ドイツの新しいモードの雑誌、ヨーロッパの有名都市の生活様式や公共の娯楽と気晴らしの仕方と楽しい小話などを記載した付録付き』Магазин английских, французских и немецких новых мод, описанных ясно и подробно, представленных гравированными на меди и иллюминированными картинками; с присовокуплением описания образа жизни, публичных увеселений и времяпрепровождений в знатнейших городах Европы; приятных анекдотов и др.（一七九一）

『アスパシヤの書斎』Кабинет Аспазии（一八一五）

『モード通報』Модный вестник（一八一六）

『婦人の雑誌』Дамский журнал（一八二三）

『花瓶』Ваза（一八三一）

『花冠』Гирлянда（一八四一）
『光線』Луч（一八五〇）
『夜明け』Рассвет（一八五九）
『流行雑誌』Модный журнал（一八六二）
『女性通報』Женский вестник（一八六六）
『流行世界』Модный мир（一八六六）
『新ロシアンバザール』Новый русский базар（一八六九）
『女性の男友達』Друг жещин（一八八二）
『女性通報』Женский вестник（一九〇四）
『女性』Женщина（一九〇五）
『ヴォルト』Ворт（一九〇五）
『家のお針子』Домашняя портниха（一九〇六）
『女性同盟』Союз жещин（一九〇七）
『パリジェンヌ』Парижанка（一九〇八）
『リンネルと刺繍』Бельё и вышивки（一九〇九）

『みんなのモード』Мода для всех（一九一〇）
『女性の問題』Женское дело（一九一〇）
『婦人の世界』Дамский мир（一九一二）
『主婦のための雑誌』Журнал для хозяек（一九一二）
『女性の世界』Мир женщины（一九一二）
『女性のための雑誌』Журнал для женщин（一九一二）
『労働婦人』Работница（一九一四）
『農業婦人』Крестьянка（一九二二）
『アトリエ』Ателье（一九二三）
『女性の雑誌』Женский журнал（一九二六）
『季節のモード』Мода сезона（一九二七）
『ソヴィエト女性』Советская женщина（一九四五）
『モードの雑誌』Журнал Мод（一九四五）
『女性とロシア』Женщина и Россия（一九七九）
『マリア』Мария（一九八〇）

『ブルダ・モダン』Бурда Моден（一九八七）
『ヤロスラヴナ』Ярославна（一九九一）
『女性の読書』Женское чтение（一九九二）
『変容』Преображение（一九九三）
『家庭』Домашный очаг（一九九五）
『リーザ』Лиза（一九九五）
『良き助言』Добрые советы（一九九五）
『エル』Elle（一九九六）
『マリ・クレール』marie claire（一九九七）
『ヴォーグ』Vogue（一九九八）
『島』Остров（一九九九）
『グラマー』Glamour（二〇〇五）
『スラヴャンカ』Славянка（二〇〇六）
『良い秘書』Хороший секретарь（二〇一四）

高柳聡子（たかやなぎ　さとこ）
福岡県生まれ。早稲田大学第二文学部卒業。同大学大学院文学研究科ロシア文学専攻博士課程修了。文学博士。専門はロシアの現代文学や女性文学、ジェンダー史。現在は早稲田大学などで非常勤講師としてロシア語、ロシア文学を教える。

ユーラシア文庫9
ロシアの女性誌《じょせいし》　時代を映す女たち
2018年3月26日　初版第１刷発行

著　者　高柳聡子

企画・編集　ユーラシア研究所

発行人　島田進矢
発行所　株式会社 群 像 社
神奈川県横浜市南区中里1-9-31 〒232-0063
電話／FAX 045-270-5889　郵便振替　00150-4-547777
ホームページ　http://gunzosha.com
Eメール info@gunzosha.com

印刷・製本　シナノ
カバーデザイン　寺尾眞紀

ISBN978-4-903619-87-3

「ユーラシア文庫」の刊行に寄せて

1989年1月、総合的なソ連研究を目的とした民間の研究所としてソビエト研究所が設立されました。当時、ソ連ではペレストロイカと呼ばれる改革が進行中で、日本でも日ソ関係の好転への期待を含め、その動向には大きな関心が寄せられました。しかし、ソ連の建て直しをめざしたペレストロイカは、その解体という結果をもたらすに至りました。

このような状況を受けて、1993年、ソビエト研究所はユーラシア研究所と改称しました。ユーラシア研究所は、主としてロシアをはじめ旧ソ連を構成していた諸国について、研究者の営みと市民とをつなぎながら、冷静でバランスのとれた認識を共有することを目的とした活動を行なっています。そのことこそが、この地域の人びととのあいだの相互理解と草の根の友好の土台をなすものと信じるからです。

このような志をもった研究所の活動の大きな柱のひとつが、2000年に刊行を開始した「ユーラシア・ブックレット」でした。政治・経済・社会・歴史から文化・芸術・スポーツなどにまで及ぶ幅広い分野にわたって、ユーラシア諸国についての信頼できる知識や情報をわかりやすく伝えることをモットーとした「ユーラシア・ブックレット」は、幸い多くの読者からの支持を受けながら、2015年に200号を迎えました。この間、新進の研究者や研究を職業とはしていない市民的書き手を発掘するという役割をもはたしてきました。

ユーラシア研究所は、ブックレットが200号に達したこの機会に、15年の歴史をひとまず閉じ、上記のような精神を受けつぎながら装いを新たにした「ユーラシア文庫」を刊行することにしました。この新シリーズが、ブックレットと同様、ユーラシア地域についての多面的で豊かな認識を日本社会に広める役割をはたすことができますよう、念じています。

ユーラシア研究所